하루 **5**자, **14**일 완성

6급
급수한자
따라 쓰기 ❷

KB066613

일러두기

· 이 책에 실린 한자는 한국어문회에서 제공하는 배정 한자의 순서대로 구성되어 있습니다.
· 어휘 설명은 표준국어대사전을 참고했습니다.

하루 **5**자, **14**일 완성

6급

급수한자
따라 쓰기 ②

신경식 글 | 우지현 그림

주니어김영사

한자능력검정시험 안내

1. 한자능력검정시험이란?

사단법인 한국어문회가 주관하고 한국한자능력검정회가 시행하는 한자 활용능력시험으로 어린이부터 성인까지 누구나 응시 가능합니다. 1992년 12월 9일 1회 시험이 시작되었고 2001년부터 교육급수(4급~8급)와 공인급수(특급~3급Ⅱ)로 나누어 시험이 치러지고 있습니다.

2. 한자능력검정시험에 합격하면 좋은 점은?

– 특급~3급Ⅱ 시험에 합격하면 국가자격 취득자와 동등한 대우를 받습니다.

– 대학 입학 수시 모집과 특기자 전형에 지원할 수 있으며, 대입 면접 시 가산점을 받을 수 있습니다.

– 대학이 정한 기준에 따라 학점 및 졸업 인증에 반영됩니다.

– 공공 기관이나 기업체의 입사, 승진, 인사 고과 등에 반영됩니다.

3. 한자능력검정시험 급수 배정

급수		읽기	쓰기	수준 및 특성
공인급수	특급	5,978자	3,500자	국한 혼용 고전을 불편 없이 읽고 연구할 수 있는 수준, 고급
	특급Ⅱ	4,918자	2,355자	국한 혼용 고전을 불편 없이 읽고 연구할 수 있는 수준, 중급
	1급	3,500자	2,005자	국한 혼용 고전을 불편 없이 읽고 연구할 수 있는 수준, 초급
	2급	2,355자	1,817자	상용한자를 활용하는 것은 물론 인명·지명용 기초 한자 활용 단계
	3급	1,817자	1,000자	고급 상용한자 활용의 중급 단계
	3급Ⅱ	1,500자	750자	고급 상용한자 활용의 초급 단계
교육급수	4급	1,000자	500자	중급 상용한자 활용의 고급 단계
	4급Ⅱ	750자	400자	중급 상용한자 활용의 중급 단계
	5급	500자	300자	중급 상용한자 활용의 초급 단계
	5급Ⅱ	400자	225자	중급 상용한자 활용의 초급 단계
	6급	300자	150자	기초 상용한자 활용의 고급 단계
	6급Ⅱ	225자	50자	기초 상용한자 활용의 중급 단계
	7급	150자	–	기초 상용한자 활용의 초급 단계
	7급Ⅱ	100자	–	기초 상용한자 활용의 초급 단계
	8급	50자	–	한자 학습 동기 부여를 위한 급수

4. 한자능력검정시험 6급~8급 출제 기준

*자세한 사항은 한국어문회 누리집(www.hanja.re.kr) 참조

급수	총 문항 수	읽기 배정 한자	쓰기 배정 한자	독음	훈음	반의어 (상대어)	완성형	동의어 (유의어)	동음 이의어	뜻풀이	한자 쓰기	필순	합격 문항 수	시험 시간
6급	90문항	300자	150자	33문항	22문항	3문항	3문항	2문항	2문항	2문항	20문항	3문항	63문항	50분
6급Ⅱ	80문항	225자	50자	32문항	29문항	2문항	2문항	–	–	2문항	10문항	3문항	56문항	50분
7급	70문항	150자	–	32문항	30문항	2문항	2문항	–	–	2문항	–	2문항	49문항	50분
7급Ⅱ	60문항	100자	–	22문항	30문항	2문항	2문항	–	–	2문항	–	2문항	42문항	50분
8급	50문항	50자	–	24문항	24문항	–	–	–	–	–	–	2문항	35문항	50분

※ 상위급수 한자는 하위급수 한자를 모두 포함하고 있습니다.

※ 쓰기 배정 한자는 한두 급수 아래의 읽기 배정 한자이거나 그 범위 내에 있습니다.

5. 6급 한자 시험의 특징

6급 시험에 배정되는 한자는 7급 시험에 배정된 한자 150자에 새로운 한자 150자를 더해 모두 300자입니다. 급수 시험은 총 90문항으로 한자의 音(음: 소리)을 묻는 문제 33문항과 訓(훈: 뜻)과 音을 동시에 묻는 문제 22문항이 출제되며, 7급 시험까지 없었던 한자 쓰기 문제가 20문항이나 출제됩니다. 또한 반의어, 완성형, 동의어, 동음이의어, 뜻풀이, 필순 문제를 합쳐 15문항이 출제되는데 한자의 특징이 잘 드러나는 다양한 문제가 출제되므로 철저한 준비가 필요합니다.
《6급 급수한자 따라 쓰기 ❶, ❷》는 6급에서 새롭게 추가되는 한자 150자를 집중적으로 익힐 수 있도록 구성하였는데, 한 글자 한 글자 성실하게 따라 쓰며 6급 시험에 배정된 한자까지 모두 익히면 초등학교와 중학교 교과서에 나오는 용어를 이해하는 데 큰 도움이 될 것입니다.

6. 6급 쓰기 배정 한자 한눈에 보기

6급 시험의 쓰기 문항은 7급 배정 한자인 150자 안에서 출제됩니다. 다음의 한자들은 7급 배정 한자로, 읽기는 물론 쓰기까지 가능하도록 꼼꼼히 익히도록 합시다.

ㄱ	家(집 가) 歌(노래 가) 間(사이 간) 江(강 강) 車(수레 거/차) 工(장인 공) 空(빌 공) 校(학교 교)* 敎(가르칠 교)* 九(아홉 구)* 口(입 구) 國(나라 국)* 軍(군사 군)* 金(쇠 금│성 김)* 氣(기운 기) 記(기록할 기) 旗(기 기)
ㄴ	南(남녘 남)* 男(사내 남) 內(안 내) 女(계집 녀)* 年(해 년)* 農(농사 농)
ㄷ	答(대답 답) 大(큰 대)* 道(길 도) 東(동녘 동)* 動(움직일 동) 同(한가지 동) 洞(골 동│밝을 통) 冬(겨울 동) 登(오를 등)
ㄹ	來(올 래) 力(힘 력) 老(늙을 로) 六(여섯 륙)* 里(마을 리) 林(수풀 림) 立(설 립)
ㅁ	萬(일만 만)* 每(매양 매) 面(낯 면) 名(이름 명) 命(목숨 명) 母(어미 모)* 木(나무 목)* 門(문 문)* 文(글월 문) 問(물을 문) 物(물건 물) 民(백성 민)*
ㅂ	方(모 방) 白(흰 백)* 百(일백 백) 父(아비 부)* 夫(지아비 부) 北(북녘 북│달아날 배)* 不(아닐 불)
ㅅ	四(넉 사)* 事(일 사) 山(메 산) 算(셈 산) 三(석 삼)* 上(윗 상) 色(빛 색) 生(날 생)* 西(서녘 서)* 夕(저녁 석) 先(먼저 선)* 姓(성 성) 世(인간 세) 小(작을 소)* 少(적을 소) 所(바 소) 水(물 수)* 手(손 수) 數(셈 수) 時(때 시) 市(저자 시) 食(밥/먹을 식) 植(심을 식) 室(집 실)* 心(마음 심) 十(열 십)*
ㅇ	安(편안 안) 語(말씀 어) 然(그럴 연) 五(다섯 오)* 午(낮 오) 王(임금 왕)* 外(바깥 외)* 右(오를/오른 우) 月(달 월)* 有(있을 유) 育(기를 육) 邑(고을 읍)* 二(두 이)* 人(사람 인)* 一(한 일)* 日(날 일)* 入(들 입)
ㅈ	子(아들 자) 自(스스로 자) 字(글자 자) 長(긴 장)* 場(마당 장) 電(번개 전) 前(앞 전) 全(온전 전) 正(바를 정) 弟(아우 제)* 祖(할아비 조) 足(발 족) 左(왼 좌) 住(살 주) 主(임금/주인 주) 中(가운데 중)* 重(무거울 중) 紙(종이 지) 地(땅 지) 直(곧을 직)
ㅊ	千(일천 천) 天(하늘 천) 川(내 천) 靑(푸를 청)* 草(풀 초) 寸(마디 촌)* 村(마을 촌) 秋(가을 추) 春(봄 춘) 出(날 출) 七(일곱 칠)*
ㅌ	土(흙 토)*
ㅍ	八(여덟 팔)* 便(편할 편│똥오줌 변) 平(평평할 평)
ㅎ	下(아래 하) 夏(여름 하) 學(배울 학)* 韓(한국/나라 한)* 漢(한수/한나라 한) 海(바다 해) 兄(형 형)* 火(불 화)* 話(말씀 화) 花(꽃 화) 活(살 활) 孝(효도 효) 後(뒤 후) 休(쉴 휴)

※ *표시는 6급II 쓰기 한자입니다.

*표시는 6급II 한자입니다.

▼ 《하루 5자, 16일 완성 6급 급수한자 따라 쓰기 ❶》에서 학습합니다.

各*	角*	感	強	開*	京	界*	計*	高*	古*
각각 각	뿔 각	느낄 감	강할 강	열 개	서울 경	지경 계	셀 계	높을 고	예 고

苦	公*	共*	功*	果*	科*	光*	交*	球*	區
쓸 고	공평할 공	한가지 공	공 공	실과 과	과목 과	빛 광	사귈 교	공 구	구분할/지경 구

郡	根	近	今*	急*	級	多	短*	堂*	代*
고을 군	뿌리 근	가까울 근	이제 금	급할 급	등급 급	많을 다	짧을 단	집 당	대신할 대

對*	待	圖*	度	讀*	童*	頭	等*	樂*	例
대할 대	기다릴 대	그림 도	법도 도 헤아릴 탁	읽을 독 구절 두	아이 동	머리 두	무리 등	즐길 락 노래 악 좋아할 요	법식 례

禮	路	綠	利*	理*	李	明*	目	聞*	美
예도 례	길 로	푸를 록	이할 리	다스릴 리	오얏/성 리	밝을 명	눈 목	들을 문	아름다울 미

米	朴	半*	反*	班*	發*	放*	番	別*	病
쌀 미	성/순박할 박	반 반	돌이킬/ 돌아올 반	나눌 반	필 발	놓을 방	차례 번	다를/나눌 별	병 병

服	本	部*	分*	社*	使	死	書*	席	石
옷 복	근본 본	떼 부	나눌 분	모일 사	하여금/부릴 사	죽을 사	글 서	자리 석	돌 석

線*	雪*	成*	省*	消*	速	孫	樹	術*	習
줄 선	눈 설	이룰 성	살필 성 덜 생	사라질 소	빠를 속	손자 손	나무 수	재주 술	익힐 습

▼《하루 5자, 14일 완성 6급 급수한자 따라 쓰기 ❷》에서 학습합니다.

勝*	始*	式	身*	神*	信*	新*	失	愛	夜
이길 승	비로소 시	법 식	몸 신	귀신 신	믿을 신	새 신	잃을 실	사랑 애	밤 야
野	弱*	藥*	陽	洋	言	業*	英	永	溫
들 야	약할 약	약 약	볕 양	큰바다 양	말씀 언	업 업	꽃부리 영	길 영	따뜻할 온
勇*	用*	運*	園	遠	由	油	銀	音*	飲*
날랠 용	쓸 용	옮길 운	동산 원	멀 원	말미암을 유	기름 유	은 은	소리 음	마실 음
意*	醫	衣	者	作*	昨*	章	才*	在	戰*
뜻 의	의원 의	옷 의	놈 자	지을 작	어제 작	글 장	재주 재	있을 재	싸움 전
庭*	定	第*	題*	朝	族	注*	晝	集*	窓*
뜰 정	정할 정	차례 제	제목 제	아침 조	겨레 족	부을 주	낮 주	모을 집	창 창
淸*	體*	親	太	通	特	表*	風*	合	幸*
맑을 청	몸 체	친할 친	클 태	통할 통	특별할 특	겉 표	바람 풍	합할 합	다행 행
行	向	現*	形*	號	和*	畫	黃	會*	訓
다닐 행 항렬 항	향할 향	나타날 현	모양 형	이름 호	화할 화	그림 화 그을 획	누를 황	모일 회	가르칠 훈

이 책의 구성과 특징

하루 5자씩, 14일 완성
하루에 5자씩 따라 쓰며 익히고, 2일마다 학습한 한자를 복습할 수 있도록 구성했어요.

한자의 훈과 음
한국어문회 주관 한자능력검정시험에서 정한 훈과 음을 표기했어요.

중국어용 한자와 발음
중국에서 사용하는 간체자와 성조, 읽는 법을 함께 표기하여 중국어용 한자와 발음도 익힐 수 있어요.

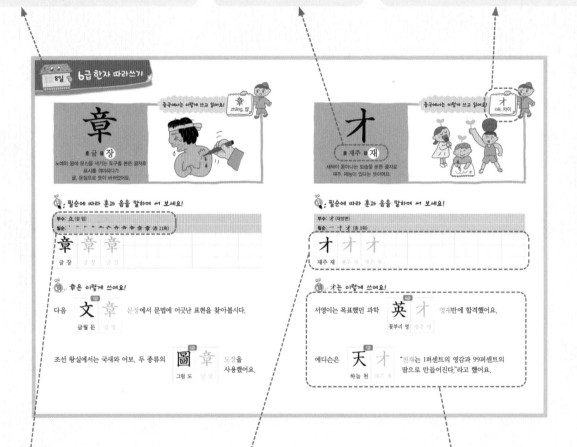

부수와 필순
한자를 이루는 글자이자 뜻을 나타내는 '부수'와 한자를 바르게 따라 쓸 수 있도록 '필순'을 표기했어요.

한자 따라 쓰기
훈과 음을 소리 내어 읽고 또박또박 따라 쓰면서 한자의 모양과 훈음을 익힐 수 있어요.

어휘와 활용 문장
학습한 한자가 활용된 어휘와 문장을 읽고 어휘력과 문해력을 기를 수 있어요.

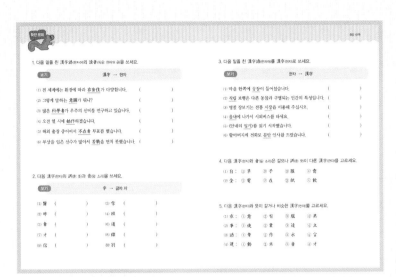

◀ **확인 문제(총 7회)**

7급~8급 배정 한자가 포함된
급수 시험 유형 문제로
내 실력을 점검하며
배운 한자를 복습할 수 있어요.

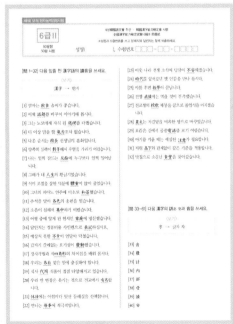

▲ **동의어·유의어 | 동음이의어**

동의어·유의어와 동음이의어를
활용하여 한자와 한자어의 의미를
확실히 익힐 수 있어요.

▲ **모의시험(총 3회)**

실제 시험과 똑같은 형태의
문제를 풀고 답안지를 작성하며
완벽하게 시험을 준비해요.

차례

1. 위에서 아래로 씁니다.

三 의 필순　一　二　三

2. 왼쪽에서 오른쪽으로 씁니다.

川 의 필순　丿　丿丨　川

3. 가로획을 먼저 쓰고 세로획을 나중에 씁니다.

大 의 필순　一　ナ　大

4. 가로획과 세로획이 만날 때는 가로획을 먼저 씁니다.

十 의 필순　一　十

5. 좌우 대칭일 때는 가운데 획을 먼저 씁니다.

小 의 필순　亅　小　小

6. 몸(큰입구몸)을 먼저 씁니다.

國 의 필순　丨　冂　冂　冃　同　同　同　國　國　國　國

7. 글자 전체를 꿰뚫는 획은 마지막에 씁니다.

中 의 필순　丶　口　口　中

母 의 필순　乚　Ų　Ų　Ų　母

8. 삐침(丿)과 파임(乀)이 만날 때는 삐침을 먼저 씁니다.

父 의 필순　丶　丷　少　父

9. 오른쪽 위의 점은 마지막에 씁니다.

代 의 필순　丿　亻　仁　代　代

10. 받침(辶, 廴)은 마지막에 씁니다.

近 의 필순　丿　厂　斤　斤　沂　沂　近

建 의 필순　フ　ユ　ヨ　ヨ　ヨ　聿　聿　建　建

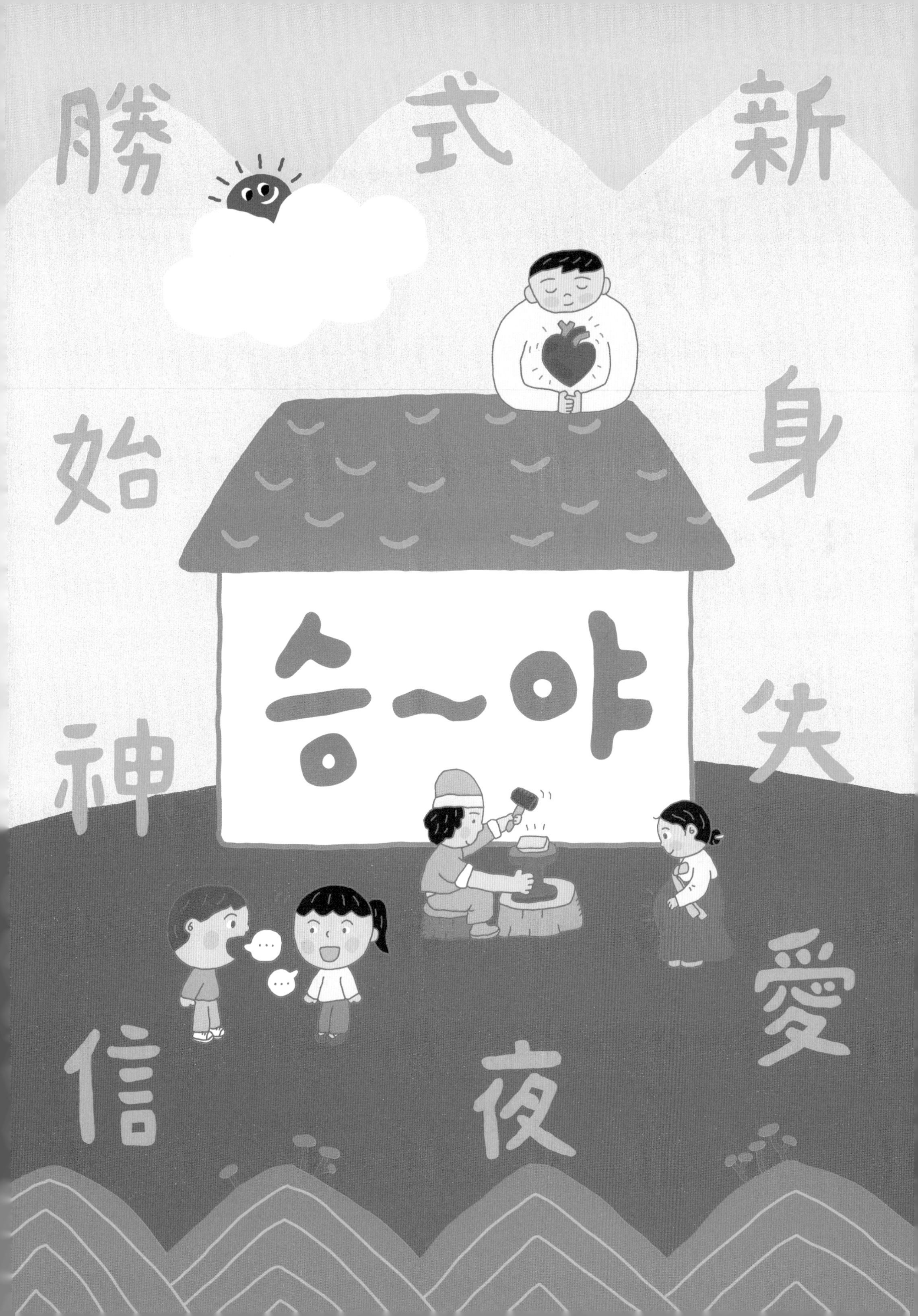

勝
式
新
始
身
神
승~야
失
愛
信
夜

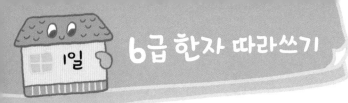

중국에서는 이렇게 쓰고 읽어요!

胜
shèng, 셩

勝

훈 이길 음 **승**

힘(力)을 써서 배를 움직이는 모습(朕)을
나타낸 글자로
견디다, 이기다, 뛰어나다를 뜻해요.

 필순에 따라 훈과 음을 말하며 써 보세요!

부수: 力 (힘 력)

필순: 丿 几 几 月 月 月 月 月 朕 勝 勝 (총 12획)

勝	勝	勝					
이길 승	이길 승	이길 승					

 勝은 이렇게 쓰여요!

봉오동 전투는 독립군이 크게  승리한 대표적인 전투로 꼽힙니다.

勝 이길 승 利 이할 리 **6급**

우리 지역의  명승지를 조사한 후,
보고서를 쓰세요.

名 이름 명 勝 이길 승 地 땅 지

※ 名勝地(명승지): 경치가 좋기로 이름난 곳.

중국에서는 이렇게 쓰고 읽어요!

始
shǐ, 스

始

훈 비로소 음 시

어머니(女)의 배 속에 아기가 생기는 일이
삶의 시작임을 의미하여
처음, 비로소라는 뜻이 되었어요.

 필순에 따라 훈과 음을 말하며 써 보세요!

부수: 女 (계집 녀)

필순: 乙 夕 女 𡜏 𡜏 𡜏 始 始 (총 8획)

始 始 始

비로소 시 비로소 시 비로소 시

 始는 이렇게 쓰여요!

개식사를  시작으로 졸업식을 이어 가겠습니다.

始 作
비로소 시 지을 작 [6급]

단군은 우리 민족의  시조입니다.

始 祖
비로소 시 할아비 조 [7급]

※始祖(시조): 한 겨레나 가계의 맨 처음이 되는 조상.

15

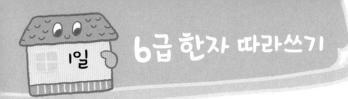

훈 법 음 **식**

장인(工)이 일정한 기준에 따라 물건을
만드는 데서 법식, 제도를 뜻하게 되었어요.
弋 자는 발음을 담당하는 글자예요.

중국에서는 이렇게 쓰고 읽어요!

 필순에 따라 훈과 음을 말하며 써 보세요!

부수: 弋 (주살 익)

필순: 一 一 二 工 式 式 (총 6획)

법 식 　　법 식 　　법 식

 式은 이렇게 쓰여요!

합격자는 학교　**公**〔6급〕　**式** 법식　공식 누리집에서도 확인할 수 있습니다.

공평할 공

할머니는 옛날　**方**〔7급〕　**式** 법식　방식대로 두부를 만듭니다.

모 방

16

중국에서는 이렇게 쓰고 읽어요!
身
shēn, 션

身

훈 **몸** 음 **신**

임신하여 배가 부른 여자의 모습을 나타낸
글자로 나중에 몸의 상태, 몸이라는
뜻으로 사용하게 되었어요.

 필순에 따라 훈과 음을 말하며 써 보세요!

부수: 身 (몸 신)
필순: ´ ſ ŋ ŋ 月 身 身 (총 7획)

몸 신   몸 신   몸 신

 身은 이렇게 쓰여요!

건강한   **6급**   신체에 건강한 정신이 깃든다는 말이 있습니다.

몸 신   몸 체

허균은 양반이었지만 당시의   **6급**   신분 제도를 비판했어요.

몸 신   나눌 분

※身分(신분): 개인의 사회적인
위치나 계급.

17

1일 6급 한자 따라쓰기

중국에서는 이렇게 쓰고 읽어요!

神
shén, 션

神

훈 귀신 음 신

제사와 관련된 글자(示)에
번갯불 모양을 나타낸 글자(申)가 더해져
귀신, 신을 뜻하게 되었어요.

 필순에 따라 훈과 음을 말하며 써 보세요!

부수: 示 (보일 시)

필순: 一 ニ テ テ テ テ 礻 和 神 神 神 (총 10획)

神　神　神

귀신 신　귀신 신　귀신 신

 神은 이렇게 쓰여요!

이 소설은　神 話 _{7급}　신화를 바탕으로 합니다.

귀신 신　말씀 화

神 父 _{8급}　신부님은 한결같이 어려운 이웃을 도우십니다.

귀신 신　아비 부

※神父(신부): 가톨릭에서 성직자를 이르는 말.

18

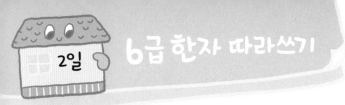

信

훈 믿을 음 신

사람(亻)의 말(言)은 믿을 수 있어야 한다는
의미에서 믿다를 뜻해요.

 필순에 따라 훈과 음을 말하며 써 보세요!

부수: 亻 (사람인변)
필순: ノ 亻 亻 亻 信 信 信 信 信 (총 9획)

信 信 信

믿을 신   믿을 신   믿을 신

 信은 이렇게 쓰여요!

주영이는 약속을 지키는   信 用 `6급`   신용 있는 사람입니다.

믿을 신   쓸 용

※信用(신용): 사람이나 사물에 대해 반드시
믿을 수 있다고 여겨지는 정도.

남북한 이산가족의   書 信 `6급`   서신 교환을 추진합니다.

글 서   믿을 신

※書信(서신): 안부, 소식, 용무 따위를 적어
보내는 글.

중국에서는 이렇게 쓰고 읽어요!

新
xīn, 신

新

훈 새 음 신

원래 도끼(斤)로 나무(木)를 잘라 땔감을
만든다는 뜻이었다가 자른 나무로 새로운 것을
만든다는 데서 새롭다로 의미가 넓어졌어요.

 필순에 따라 훈과 음을 말하며 써 보세요!

부수: 斤 (날 근)

필순: ` ㅗ ㅗ ㅏ ㅑ ㅛ ㅡ 辛 辛 亲 亲 新 新 新 (총 13획)

新	新	新						
새 신	새 신	새 신						

 新은 이렇게 쓰여요!

우리 가족은 　**新** [8급]**年** 　신년 해맞이 행사에 참여하기로 했습니다.

　　　　　　새 신　해 년

조선 후기에는 서양의 　**新** [6급]**式** 　신식 문물이 많이 들어 왔어요.

　　　　　　　　새 신　법 식

※新式(신식): 새로운 방식이나 형식.

훈 잃을 음 실

손에서 무언가가 떨어지는 모습을 나타낸 글자로 잃다, 잘못하다를 뜻해요.

중국에서는 이렇게 쓰고 읽어요!

失
shī, 스

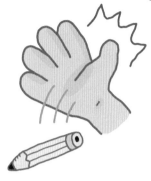

 필순에 따라 훈과 음을 말하며 써 보세요!

부수: 大 (큰 대)

필순: ノ ト ヒ 牛 失 (총 5획)

失　失　失

잃을 실　잃을 실　잃을 실

 失은 이렇게 쓰여요!

그 사람은 잦은　失　言　6급　실언으로 사람들의 신임을 잃었습니다.

잃을 실　말씀 언　　※失言(실언): 실수로 잘못 말함. 또는 그렇게 한 말.

친구의　失　手　7급　실수를 너그럽게 이해하기로 했습니다.

잃을 실　손 수

21

중국에서는 이렇게 쓰고 읽어요!
愛
ài, 아이

愛
훈 사랑 음 애

사람의 가슴에 심장(心)이 있는 모습을
나타낸 글자로 사랑하다는 뜻이에요.

 필순에 따라 훈과 음을 말하며 써 보세요!

부수: 心 (마음 심)
필순: ⺈ ⺈ ⺈ ⺈ ⺈ ⺈ 忩 忩 忩 愛 愛 愛 (총 13획)

愛　愛　愛
사랑 애　사랑 애　사랑 애

 愛는 이렇게 쓰여요!

독립운동가의 愛 國 [8급] 애국정신을 본받습니다.
　　　　　사랑 애　나라 국

각자 愛 用 [6급] 애용하는 물건을 소개해 봅시다.
　　　사랑 애　쓸 용

※愛用(애용): 좋아하여 애착을 가지고 자주 사용함.

22

중국에서는 이렇게 쓰고 읽어요!

夜
yè, 예

夜

훈 밤 음 야

사람의 몸을 하루라고 생각했을 때
겨드랑이(亦) 즈음에 달(月→夕)이 걸치는 시간,
즉 밤을 의미하는 글자예요.

 필순에 따라 훈과 음을 말하며 써 보세요!

부수: 夕 (저녁 석)

필순: ﹅ 亠 广 宀 亥 夜 夜 夜 (총 8획)

夜　　夜　　夜

밤 야　　밤 야　　밤 야

 夜는 이렇게 쓰여요!

경복궁　　夜 間 [7급]　　야간 개방으로 궁궐의 야경을
　　　　　밤 야 사이 간　　볼 수 있게 되었어요.

배가 고파서　　夜 食 [7급]　　야식으로 라면을 끓여 먹었습니다.
　　　　　　밤 야　밥 식

1. 다음 밑줄 친 漢字語(한자어)의 讀音(독음: 한자의 음)을 쓰세요.

보기   漢字 → 한자

(1) 계획대로만 되면 勝算이 있습니다.   (   )

(2) 멋진 始球로 개막전이 시작되었습니다.   (   )

(3) 주어진 書式에 맞추어 작성하여 주십시오.   (   )

(4) 나는 그 일을 해낼 自信이 있습니다.   (   )

(5) 동생의 방에 夜光 별을 붙여 주었습니다.   (   )

(6) 국제 경기를 볼 때면 愛國心이 유독 강해집니다.   (   )

2. 다음 漢字(한자)의 訓(훈: 뜻)과 音(음: 소리)을 쓰세요.

보기   字 → 글자 자

(1) 始 (   )   (2) 身 (   )

(3) 式 (   )   (4) 前 (   )

(5) 旗 (   )   (6) 神 (   )

(7) 外 (   )   (8) 夫 (   )

(9) 失 (   )   (10) 路 (   )

3. 다음 밑줄 친 漢字語(한자어)를 漢字(한자)로 쓰세요.

> 보기
>
> 한자 → 漢字

(1) 그 의견에 동의한 사람은 소수입니다.　　　(　　　　　)

(2) 초목이 푸릇해지는 걸 보니 봄이 오나 봅니다.　(　　　　　)

(3) 그는 회의 중간에 자리를 비웠습니다.　　　(　　　　　)

(4) 달빛이 수면에 아른거립니다.　　　　　　(　　　　　)

(5) 거친 파도에 배가 좌우로 흔들렸습니다.　　(　　　　　)

(6) 언니는 공부를 잘하는 편입니다.　　　　　(　　　　　)

4. 다음 漢字(한자)와 音(음: 소리)은 같으나 訓(훈: 뜻)이 다른 漢字(한자)를 고르세요.

(1) 時 :　① 間　　② 弟　　③ 線　　④ 始

(2) 式 :　① 分　　② 植　　③ 校　　④ 堂

5. 다음 漢字(한자)와 뜻이 반대(또는 상대)되는 漢字(한자)를 고르세요.

(1) 午 :　① 主　　② 山　　③ 夜　　④ 利

(2) 日 :　① 然　　② 南　　③ 林　　④ 月

(3) 前 :　① 上　　② 後　　③ 門　　④ 話

(4) 身 :　① 夏　　② 新　　③ 寸　　④ 心

6. 다음 뜻에 맞는 漢字語(한자어)를 〈보기〉에서 찾아 그 번호를 쓰세요.

보기　　① 夜讀　② 自動　③ 前記　④ 南北　⑤ 開始　⑥ 社名

(1) 행동이나 일 따위를 시작함.　(　　　　　　　)

(2) 밤에 글을 읽음.　(　　　　　　　)

7. 다음 사자성어의 (　) 안에 알맞은 漢字(한자)를 〈보기〉에서 찾아 그 번호를 쓰세요.

보기　　①休　②雪　③成　④分　⑤省　⑥立　⑦消　⑧夜

(1) (　　　)光明月 : 밤에 밝게 빛나는 달.

(2) 人事不(　　　) : 자기 몸에 일어난 일을 모를 만큼 정신을 잃은 상태.

8. 다음 漢字(한자)에서 진하게 표시한 획은 몇 번째 쓰는 획인지 〈보기〉에서 찾아 그 번호를 쓰세요.

보기　　① 첫 번째　② 두 번째　③ 세 번째　④ 네 번째　⑤ 다섯 번째
　　　　⑥ 여섯 번째　⑦ 일곱 번째　⑧ 여덟 번째　⑨ 아홉 번째　⑩ 열 번째

(1) 男 (　　　　　)　(2) 書 (　　　　　)

중국에서는 이렇게 쓰고 읽어요!

野
yě, 예

野

훈 들 음 야

마을(里)에서 벗어난 곳(野)이라는 뜻으로
교외나 들판을 의미해요.

 필순에 따라 훈과 음을 말하며 써 보세요!

부수: 里 (마을 리)

필순: 丶 冂 冂 日 旦 甲 里 里' 里' 野 野 (총 11획)

野	野	野					
들 야	들 야	들 야					

 野는 이렇게 쓰여요!

할머니 댁은

平 [7급] 野
평평할 평 / 들 야
평야로 유명한 김제시입니다.

인간과

野 生 [8급]
들 야 / 날 생
야생 동물이 공존할 방법을 찾아봅시다.

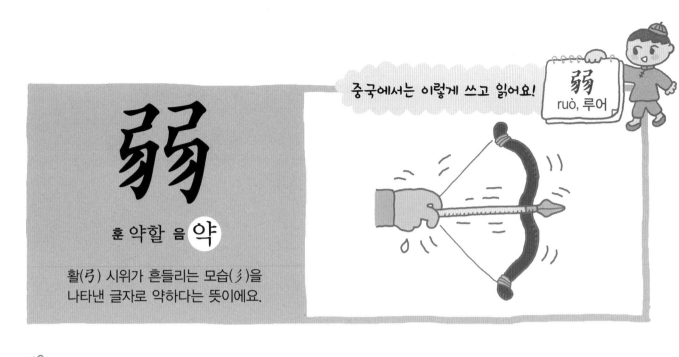

弱

훈 약할 음 약

활(弓) 시위가 흔들리는 모습(彡)을
나타낸 글자로 약하다는 뜻이에요.

중국에서는 이렇게 쓰고 읽어요!

弱
ruò, 루어

 필순에 따라 훈과 음을 말하며 써 보세요!

부수: 弓 (활 궁)

필순: ⁊ ⁊ 弓 弓 弓ˊ 弱ˊ 弱ˊ 弱 弱 弱 (총 10획)

弱	弱	弱						
약할 약	약할 약	약할 약						

 弱은 이렇게 쓰여요!

사회적  약자를 위한 정책이 마련되어야 합니다.

약할 약 / 놈 자 / 6급

박자의  강약을 지키며 리듬을 쳐 봅시다.

강할 강 / 약할 약 / 6급

중국에서는 이렇게 쓰고 읽어요!

药
yào, 야오

藥

훈 약 음 **약**

아픈 사람이 먹으면
즐거운(樂) 상태로 되돌아가는 풀(艹),
즉 몸에 좋은 약을 뜻해요.

 필순에 따라 훈과 음을 말하며 써 보세요!

부수: 艹 (초두머리)

필순: 一 十 十 ㅛ ㅛ 艹 艹 甘 甘 甘 茴 茴 藥 藥 藥 藥 華 藥 藥 (총 19획)

藥	藥	藥				
약 약	약 약	약 약				

 藥은 이렇게 쓰여요!

설악산 오색  약수터 옆으로 새 탐방로가
만들어졌습니다.

약 약 / 물 수 (8급)

 한약을 드시고 할아버지의 병세가 많이 나아졌습니다.

한국 한 (8급) / 약 약

30

중국에서는 이렇게 쓰고 읽어요!

阳
yáng, 양

陽

훈 볕 음 양

언덕(阝)에 햇볕이 비추고 있는 모습(昜)을
나타낸 글자로 볕, 양지를 뜻해요.

 필순에 따라 훈과 음을 말하며 써 보세요!

부수: 阝 (좌부변)

필순: ' ⁊ 阝 阝¹ 阝⁷ 阝⁷ 阝⁷ 阝⁷ 阝⁷ 陽 陽 陽 (총 12획)

陽	陽	陽							
볕 양	볕 양	볕 양							

陽은 이렇게 쓰여요!

太 陽

6급

클 태 　 볕 양

태양의 높이에 따른 기온 변화를 정리해 봅시다.

돌아가신 할아버지의 산소를

陽 地

7급

볕 양 　 땅 지

양지바른 언덕에
마련했습니다.

31

중국에서는 이렇게 쓰고 읽어요!

洋
yáng, 양

洋

훈 큰바다 음 **양**

무리 지어 다니는 양(羊)과 비슷한 물(氵),
즉 海(바다 해)보다 더 큰 바다를 의미해요.
서양, 외국이라는 뜻도 있어요.

 필순에 따라 훈과 음을 말하며 써 보세요!

부수: 氵 (삼수변)

필순: ` ` 氵 氵 氵 氵 氵 氵 洋 (총 9획)

洋	洋	洋					
큰바다 양	큰바다 양	큰바다 양					

 洋은 이렇게 쓰여요!

허준의 《동의보감》은  동양 최고의 의학서로 꼽힙니다.

8급
東 洋
동녘 동 | 큰바다 양

세은이의 장래 희망은  양식 요리사입니다.

7급
洋 **食**
큰바다 양 | 밥 식

중국에서는 이렇게 쓰고 읽어요!
言
yán, 옌

言

훈 말씀 음 **언**

입(口)에서 나온 무언가가 퍼져 나가는
모습을 나타낸 글자로 말을 뜻해요.

 필순에 따라 훈과 음을 말하며 써 보세요!

부수: 言 (말씀 언)

필순: `一 一 三 言 言 言 言` (총 7획)

言	言	言					
말씀 언	말씀 언	말씀 언					

 言은 이렇게 쓰여요!

言	語 [7급]
말씀 언	말씀 어

언어가 생기기 전에는 의사소통을 어떻게 했을까요?

안중근 의사의

言	行 [6급]
말씀 언	다닐 행

언행은 많은 깨달음을 주었습니다.

33

중국에서는 이렇게 쓰고 읽어요!

业
yè, 예

業

훈 업 음 **업**

종이 걸린 악기를 본뜬 글자로
악사들이 악기를 들고 다니며 일하던 모습에서
일을 의미하게 되었어요.

 필순에 따라 훈과 음을 말하며 써 보세요!

부수: 木 (나무 목)

필순: ' ’’ ’’’ ’’’’ 业 业 业 业 业 業 業 業 (총 13획)

業	業	業					
업 업	업 업	업 업					

 業은 이렇게 쓰여요!

학교 앞에 매운 떡볶이 가게가 새로  개업했습니다.

開 [6급] 業
열 개   업 업

※開業(개업): 영업을 처음
시작함.

철저한  분업으로 같은 시간에
더 많은 물건을 만들 수 있게 되었습니다.

分 [6급] 業
나눌 분   업 업

중국에서는 이렇게 쓰고 읽어요!
英
yīng, 잉

英

훈 꽃부리 음 **영**

풀(艹)의 한가운데 솟은 봉우리(央)로
꽃부리를 의미하고,
여기서 뛰어나다는 뜻도 생겼어요.

 필순에 따라 훈과 음을 말하며 써 보세요!

부수: 艹 (초두머리)

필순: 一 十 卄 艹 艿 苹 苹 英 英 (총 9획)

英	英	英						
꽃부리 영	꽃부리 영	꽃부리 영						

 英은 이렇게 쓰여요!

내 동생은 어렸을 때부터

6급
英 特
꽃부리 영 · 특별할 특

영특하고 총명했어요.

※英特(영특): 남달리 뛰어나고 훌륭함.

올림픽에서 금메달을 딴 뒤 국민의

5급
英 雄
꽃부리 영 · 수컷 웅

영웅이 되었습니다.

35

중국에서는 이렇게 쓰고 읽어요!

永
yǒng, 용

永

훈 **길** 음 **영**

물(水)줄기가 합쳐지고 갈라지며
멀리 흘러간다는 데서 길다는 뜻이 되었어요.

 필순에 따라 훈과 음을 말하며 써 보세요!

부수: 水 (물 수)

필순: ⌐ 亅 汀 永 永 (총 5획)

永	永	永						
길 영	길 영	길 영						

 永은 이렇게 쓰여요!

신랑과 신부가

永 遠
길 영   멀 원
6급

영원한 사랑을 맹세했습니다.

※永遠(영원): 어떤 상태가 끝없이 이어짐.
또는 시간을 초월하여 변하지 아니함.

외국인이

永 住
길 영   살 주
7급

영주 자격을 얻으려면 시험과
까다로운 심사를 통과해야 합니다.

※永住(영주): 한곳에 오래 삶.

36

溫

훈 따뜻할 음 **온**

따뜻한 물(氵)이 든 그릇(皿)에 몸을 담근 사람을 나타낸 글자로 따뜻하다, 데우다를 뜻해요.

중국에서는 이렇게 쓰고 읽어요!

溫
wēn, 원

 필순에 따라 훈과 음을 말하며 써 보세요!

부수: 氵 (삼수변)

필순: ` 冫 氵 氵 沪 沪 沪 沼 沼 湿 溫 溫 溫 (총 13획)

溫	溫	溫					
따뜻할 온	따뜻할 온	따뜻할 온					

 溫은 이렇게 쓰여요!

세계 곳곳에서 이상

高 `6급` 溫
높을 고 | 따뜻할 온

고온 현상이 나타나고 있습니다.

溫 度 `6급`
따뜻할 온 | 법도 도

온도에 따른 기체의 부피 변화를 알아봅시다.

1. 다음 밑줄 친 漢字語(한자어)의 讀音(독음: 한자의 음)을 쓰세요.

보기　　　　　　　　　　　　　漢字 → 한자

(1) 삼촌은 프로 野球 선수입니다.　　　　　　　　　(　　　　　)

(2) 두통에 좋은 藥草를 발견했습니다.　　　　　　　(　　　　　)

(3) 붉게 물든 夕陽을 찍은 사진이 많습니다.　　　　(　　　　　)

(4) 海洋 박물관의 동식물 표본은 정말 다양합니다.　(　　　　　)

(5) 어제는 제가 失言했습니다. 정말 미안합니다.　　(　　　　　)

(6) 溫氣가 느껴지는 따뜻한 색을 골랐습니다.　　　 (　　　　　)

2. 다음 漢字(한자)의 訓(훈: 뜻)과 音(음: 소리)을 쓰세요.

보기　　　　　　　　　　　　　字 → 글자 자

(1) 弱　(　　　　)　　　(2) 洋　(　　　　)

(3) 業　(　　　　)　　　(4) 事　(　　　　)

(5) 永　(　　　　)　　　(6) 秋　(　　　　)

(7) 英　(　　　　)　　　(8) 重　(　　　　)

(9) 消　(　　　　)　　　(10) 孝　(　　　　)

3. 다음 밑줄 친 漢字語(한자어)를 漢字(한자)로 쓰세요.

보기   한자 → 漢字

(1) 입학을 진심으로 축하합니다.   (   )

(2) 이 도자기는 조상 대대로 내려온 가보입니다.   (   )

(3) 취미 활동으로 뜨개질을 합니다.   (   )

(4) 몇 년 사이에 세상이 빠르게 변했습니다.   (   )

(5) 이 이야기는 민간에서 입으로 전해 온 것입니다.   (   )

(6) 내 평생의 소원은 우리나라의 완전한 자주독립입니다. (   )

4. 다음 漢字(한자)와 音(음: 소리)은 같으나 訓(훈: 뜻)이 다른 漢字(한자)를 고르세요.

(1) 夜 :   ① 術   ② 野   ③ 別   ④ 速

(2) 書 :   ① 習   ② 西   ③ 石   ④ 理

5. 다음 漢字(한자)와 뜻이 같거나 비슷한 漢字(한자)를 고르세요.

(1) 樹 : ① 反   ② 木   ③ 孫   ④ 術

(2) 出 : ① 生   ② 文   ③ 番   ④ 書

(3) 歌 : ① 大   ② 然   ③ 樂   ④ 光

(4) 海 : ① 長   ② 速   ③ 勝   ④ 洋

6. 다음 뜻에 맞는 漢字語(한자어)를 〈보기〉에서 찾아 그 번호를 쓰세요.

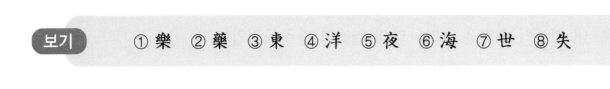

보기   ① 自信   ② 陽地   ③ 高溫   ④ 夜間   ⑤ 公式   ⑥ 新年

(1) 볕이 바로 드는 곳.   (   )

(2) 높은 온도.   (   )

7. 다음 사자성어의 ( ) 안에 알맞은 漢字(한자)를 〈보기〉에서 찾아 그 번호를 쓰세요.

보기   ① 樂   ② 藥   ③ 東   ④ 洋   ⑤ 夜   ⑥ 海   ⑦ 世   ⑧ 失

(1) (   )山樂水 : 산과 물이 있는 자연을 즐기고 좋아함.

(2) 人山人(   ) : 사람이 수없이 많이 모인 상태를 이르는 말.

8. 다음 漢字(한자)에서 진하게 표시한 획은 몇 번째 쓰는 획인지 〈보기〉에서 찾아 그 번호를 쓰세요.

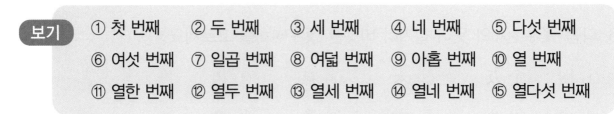

보기   ① 첫 번째   ② 두 번째   ③ 세 번째   ④ 네 번째   ⑤ 다섯 번째
⑥ 여섯 번째   ⑦ 일곱 번째   ⑧ 여덟 번째   ⑨ 아홉 번째   ⑩ 열 번째
⑪ 열한 번째   ⑫ 열두 번째   ⑬ 열세 번째   ⑭ 열네 번째   ⑮ 열다섯 번째

(1) 藥 (   )   (2) 姓 (   )

勇 油 銀

用 由

運 음~음 音

園 遠 飲

중국에서는 이렇게 쓰고 읽어요!

勇
yǒng, 용

勇

훈 날랠 음 용

쇠로 만든 무거운 종(甬)을 들 만큼의 힘(力)을 나타낸 글자로 날래다, 용감하다는 뜻이에요.

 필순에 따라 훈과 음을 말하며 써 보세요!

부수: 力 (힘 력)

필순: ⸍ ⸍ ⸍ 乃 予 甬 甬 勇 勇 (총 9획)

勇	勇	勇						
날랠 용	날랠 용	날랠 용						

 勇은 이렇게 쓰여요!

선생님은 희망과  용기를 불어넣어 주셨어요.

勇 氣 **7급**
날랠 용 · 기운 기

마을에 육이오 참전  용사 기념비가 세워졌습니다.

勇 士 **5급**
날랠 용 · 선비 사

42

用

훈 쓸 음 용

나무로 만든 통을 본떠 만든 글자로
나무통을 의미하다가
쓰다는 뜻을 갖게 되었어요.

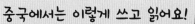중국에서는 이렇게 쓰고 읽어요!

用
yòng, 용

 필순에 따라 훈과 음을 말하며 써 보세요!

부수: 用 (쓸 용)
필순: ㄴ 𠃌 𠃌 月 用 (총 5획)

用 用 用

쓸 용　쓸 용　쓸 용

 用은 이렇게 쓰여요!

우리가 자주 쓰는  用 語 ^{7급} 용어의 남북한 차이를 알아봅시다.

쓸 용　말씀 어

애써 봤자 이제는 所 ^{7급} 用 소용없는 일입니다.

바 소　쓸 용

※所用(소용): 쓸 곳. 또는 쓰이는 바.

중국에서는 이렇게 쓰고 읽어요!

运
yùn, 윈

運

훈 옮길 음 운

군대(軍)가 물품을 가지고 이동한다(辶)는
데서 옮기다, 움직이다는 뜻이 되었어요.

필순에 따라 훈과 음을 말하며 써 보세요!

부수: 辶 (책받침)

필순: ⼀ ⼆ 冖 冖 肙 冐 冐 冒 軍 軍 軍 運 運 (총 13획)

運	運	運				
옮길 운	옮길 운	옮길 운				

運은 이렇게 쓰여요!

띔틀   運 動 [7급]   운동은 로마 시대 승마술에서 유래했어요.

옮길 운 움직일 동

네잎클로버는   幸 運 [6급]   행운의 상징입니다.

다행 행 옮길 운

園

훈 **동산** 음 **원**

품이 넉넉한 옷을 뜻한 글자(袁)에
囗 자를 더해 마음의 여유를 가지고 휴식할 때
찾는 동산이나 뜰을 뜻하게 되었어요.

중국에서는 이렇게 쓰고 읽어요!
园
yuán, 위엔

 필순에 따라 훈과 음을 말하며 써 보세요!

부수: 囗 (큰입구몸)

필순: 丨 冂 冂 冃 冃 冐 周 周 園 園 園 園 園 (총 13획)

동산 원 동산 원 동산 원

 園은 이렇게 쓰여요!

나들이 나온 사람들로 公  공원이 북적거립니다.

공평할 공 동산 원 [6급]

이번 현장 체험 학습은 딸기 農  농원으로 갑니다.

농사 농 동산 원 [7급]

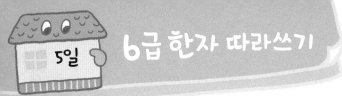

중국에서는 이렇게 쓰고 읽어요!
远
yuǎn, 위엔

遠

훈 멀 음 원

품이 넉넉해 늘어져 있는 옷(袁)처럼
길(辶)이 긴 모양, 즉 멀다는 뜻이에요.

 필순에 따라 훈과 음을 말하며 써 보세요!

부수: 辶 (책받침)

필순: 一 十 土 キ 吉 吉 声 幸 亨 袁 `袁 `袁 遠 遠 遠 (총 14획)

遠	遠	遠					
멀 원	멀 원	멀 원					

 遠은 이렇게 쓰여요!

세계 무대를 향한  원대한 계획을 세웠습니다.

遠 멀 원 / 大 큰 대 **8급**

※遠大(원대): 계획이나 희망 따위의
장래성과 규모가 큼.

풍경화는  원근감을 잘 살리는 것이 중요합니다.

遠 멀 원 / 近 가까울 근 **6급** / 感 느낄 감 **6급**

※遠近感(원근감): 멀고 가까운 거리에 대한 느낌.

중국에서는 이렇게 쓰고 읽어요!
由 yóu, 여우

由

훈 **말미암을** 음 **유**

원래는 등잔과 심지를 본떠 만든 글자지만
지금은 말미암다, 좋다 등의 의미로 쓰여요.

 필순에 따라 훈과 음을 말하며 써 보세요!

부수: 田 (밭 전)
필순: ㅣ 冂 日 由 由 (총 5획)

由　由　由

말미암을 유　말미암을 유　말미암을 유

 由는 이렇게 쓰여요!

소문에 대한 속담과 그　**由** **來**〔7급〕　유래에 대해 알아봅시다.

　　　　　　　　　　말미암을 유　올 래

※由來(유래): 사물이나 일이 생겨남.
또는 그 사물이나 일이 생겨난 바.

전시회를 보며　**自** **由**〔7급〕　자유와 평화의 중요함을 느꼈습니다.

　　　　　　스스로 자　말미암을 유

중국에서는 이렇게 쓰고 읽어요!

油
yóu, 여우

油

훈 기름 음 유

불을 밝히기 위해 등잔(由)에 담은 액체(氵),
즉 기름을 뜻해요.

 필순에 따라 훈과 음을 말하며 써 보세요!

부수: 氵(삼수변)

필순: ` ` 氵 氵 汩 汩 油 油 (총 8획)

油　油　油

기름 유　기름 유　기름 유

 油는 이렇게 쓰여요!

플라스틱은  석유를 가공해서 만듭니다.

石　油
돌 석　기름 유

미술 시간에 배운  유화의 매력에 푹 빠졌습니다.

油　畫
기름 유　그림 화

※油畫(유화): 물감을 기름에 개어 그리는 그림.

48

중국에서는 이렇게 쓰고 읽어요!
銀
yín, 인

銀

훈 은 음 은

금(金)보다는 가치가 낮은(艮) 금속이라는
데서 은을 뜻하거나 옛날에는 은을 돈처럼
사용한 데서 화폐를 뜻해요.

 필순에 따라 훈과 음을 말하며 써 보세요!

부수: 金 (쇠 금)

필순: ノ ㅅ ㅅ ㅅ 乍 乍 金 金 釒 釒 釘 釘 銀 銀 (총 14획)

銀 銀 銀

은 은   은 은   은 은

 銀은 이렇게 쓰여요!

흥부 부부가 슬근슬근 박을 타자 안에서   金 銀 [8급]   금은보화가
나왔습니다.

쇠 금   은 은

세뱃돈을 저금하려고   銀 行 [6급]   은행에 가서
통장을 만들었습니다.

은 은   다닐 행

중국에서는 이렇게 쓰고 읽어요!

音 yīn, 인

音

훈 소리 음 **음**

입에서 나오는 말(言)에 획을 더해
소리가 퍼져 나가는 모습을 나타낸 것으로
소리라는 뜻이에요.

 필순에 따라 훈과 음을 말하며 써 보세요!

부수: 音 (소리 음)

필순: ` ㅗ ㅗ ㅗ 立 产 产 音 音 (총 9획)

音　音　音

소리 음　소리 음　소리 음

 音은 이렇게 쓰여요!

音 樂 [6급]　음악은 사람들에게 감동과 위로를 주기도 합니다.

소리 음　노래 악

여러 목소리가 합쳐져 아름다운  和 音 [6급]　화음을 만들었어요.

화할 화　소리 음

50

飮

훈 마실 음 음

입을 벌리고(欠) 무언가를 먹는(食) 모습에서
마시다는 뜻이 되었어요.

중국에서는 이렇게 쓰고 읽어요!
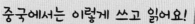

饮
yǐn, 인

 필순에 따라 훈과 음을 말하며 써 보세요!

부수: 食 (밥 식)

필순: 丿 亠 亠 亇 亇 亽 亽 庐 庐 庐 飣 飲 飲 飲 (총 13획)

飲 飲 飲

마실 음   마실 음   마실 음

 飲은 이렇게 쓰여요!

떡과 식혜는 우리의 전통   飲 食 [7급]   음식 중 하나입니다.

마실 음   밥 식

탄산 飲 料 [5급]   음료를 지나치게 많이 마시면
건강에 해롭습니다.

마실 음   헤아릴 료

1. 다음 밑줄 친 漢字語(한자어)의 讀音(독음: 한자의 음)을 쓰세요.

보기   漢字 → 한자

(1) 요즘에는 해외 구매 대행 사이트를 활발하게 利用합니다. (   )

(2) 나라의 運命을 걸고 치열한 전투를 벌였습니다.   (   )

(3) 아마존강 유역은 희귀 동식물의 樂園입니다.   (   )

(4) 우리 永遠토록 함께 지내요.   (   )

(5) 고정 관념을 버리고 油然한 사고방식을 지녀야 합니다.   (   )

(6) 건강상의 理由로 며칠간 가게 문을 닫습니다.   (   )

2. 다음 漢字(한자)의 訓(훈: 뜻)과 音(음: 소리)을 쓰세요.

보기   字 → 글자 자

(1) 勇   (   )   (2) 飮   (   )

(3) 席   (   )   (4) 野   (   )

(5) 銀   (   )   (6) 平   (   )

(7) 音   (   )   (8) 祖   (   )

(9) 公   (   )   (10) 計   (   )

3. 다음 밑줄 친 漢字語(한자어)를 漢字(한자)로 쓰세요.

> 보기
>
> 한자 → 漢字

(1) 다음 주에는 교실 대청소를 하겠습니다.   (   )

(2) 원고지 100매 내외가 적당합니다.   (   )

(3) 정오가 다 되어서야 겨우 일어났습니다.   (   )

(4) 이번 전시 주제는 '조선 왕실의 100가지 보물'입니다.   (   )

(5) 지역 주민을 위한 봉사 활동에 힘을 보탰습니다.   (   )

(6) 그 집 형제는 우애가 좋습니다.   (   )

4. 다음 漢字(한자)와 音(음: 소리)은 같으나 訓(훈: 뜻)이 다른 漢字(한자)를 고르세요.

(1) 有 : ① 勝   ② 愛   ③ 物   ④ 油

(2) 夫 : ① 野   ② 言   ③ 父   ④ 英

5. 다음 漢字(한자)와 뜻이 반대(또는 상대)되는 漢字(한자)를 고르세요.

(1) 遠 : ① 近   ② 陽   ③ 名   ④ 神

(2) 先 : ① 式   ② 氣   ③ 石   ④ 後

(3) 弱 : ① 金   ② 食   ③ 強   ④ 運

(4) 兄 : ① 業   ② 永   ③ 弟   ④ 科

6. 다음 뜻에 맞는 漢字語(한자어)를 〈보기〉에서 찾아 그 번호를 쓰세요.

보기   ① 平野 ② 共用 ③ 氣運 ④ 藥水 ⑤ 愛國 ⑥ 理由

(1) 함께 씀. 또는 그런 물건.   (   )

(2) 어떠한 결론이나 결과에 이른 까닭이나 근거.   (   )

7. 다음 사자성어의 ( ) 안에 알맞은 漢字(한자)를 〈보기〉에서 찾아 그 번호를 쓰세요.

보기   ① 數 ② 遠 ③ 千 ④ 記 ⑤ 九 ⑥ 勇 ⑦ 服 ⑧ 由

(1) 十中八(   ) : 열 가운데 여덟이나 아홉 정도로 거의 대부분이거나
                    거의 틀림없음.

(2) 不(   )千里 : 천 리 길도 멀다고 여기지 않음.

8. 다음 漢字(한자)에서 진하게 표시한 획은 몇 번째 쓰는 획인지 〈보기〉에서 찾아 그
   번호를 쓰세요.

보기   ① 첫 번째   ② 두 번째   ③ 세 번째   ④ 네 번째   ⑤ 다섯 번째
        ⑥ 여섯 번째 ⑦ 일곱 번째 ⑧ 여덟 번째 ⑨ 아홉 번째 ⑩ 열 번째
        ⑪ 열한 번째 ⑫ 열두 번째 ⑬ 열세 번째

(1) 運 (   )   (2) 洋 (   )

7일 6급 한자 따라쓰기

意

훈뜻 음 의

마음(心)에서 우러나오는 소리(音)라는 의미로 뜻, 생각을 나타내는 글자예요.

중국에서는 이렇게 쓰고 읽어요!

意
yi, 이

 필순에 따라 훈과 음을 말하며 써 보세요!

부수: 心 (마음 심)

필순: ` ㅗ ㅛ ㅛ ㅛ 产 音 音 音 音 意 意 意 (총 13획)

意	意	意							
뜻 의	뜻 의	뜻 의							

 意는 이렇게 쓰여요!

학급 회의를 거쳐 다양한

意 見 _{5급}

뜻 의 | 볼 견

의견을 모았습니다.

현장 학습 참가는 반드시 보호자의

同 意 _{7급}

한가지 동 | 뜻 의

동의가 필요합니다.

56

醫

훈 의원 음 **의**

다쳐서 앓는(殳) 환자를 약재인 술(酉)로
치료한 데서 의원, 의학을 뜻해요.

중국에서는 이렇게 쓰고 읽어요!
医 yī, 이

 필순에 따라 훈과 음을 말하며 써 보세요!

부수: 酉 (닭 유)

필순: ᄀ ᄀ 亍 亍 丏 秀 똑 醫 똒 똟 똟 똟 殹 殹 醫 醫 醫 醫 (총 18획)

醫	醫	醫			
의원 의	의원 의	의원 의			

 醫는 이렇게 쓰여요!

醫 의원 의 | 學 **8급** 배울 학

의학은 몸의 구조와 기능을 연구해 질병을 치료하고
예방하는 학문입니다.

醫 의원 의 | 科 **6급** 과목 과

의과 대학에 합격하기 위해 열심히 공부하고 있습니다.

중국에서는 이렇게 쓰고 읽어요!

衣
yī, 이

衣

훈 **옷** 음 **의**

윗옷의 옷깃과 소매 부분을 본떠
만든 글자로 옷을 뜻해요.

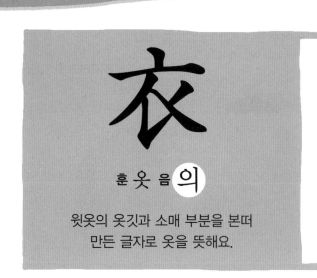

 필순에 따라 훈과 음을 말하며 써 보세요!

부수: 衣 (옷 의)
필순: ` 一 ナ 才 产 衣 (총 6획)

衣	衣	衣					
옷 의	옷 의	옷 의					

 衣는 이렇게 쓰여요!

조선 시대 수문장  의복을 입은 공연단이 입장했어요.

衣 服 `6급`
옷 의 / 옷 복

우리 반은 체육 대회 때 흰색  상의를 맞춰 입기로 했어요.

上 衣 `7급`
윗 상 / 옷 의

중국에서는 이렇게 쓰고 읽어요!

者
zhě, 져

者

훈 놈 음 자

나이 든 어른(耂)이 말을 낮추는(白) 대상으로
놈, 사람을 뜻해요.

 필순에 따라 훈과 음을 말하며 써 보세요!

부수: 耂 (늙을로엄)

필순: 一 十 土 耂 耂 者 者 者 者 (총 9획)

者	者	者					
놈 자	놈 자	놈 자					

者는 이렇게 쓰여요!

다산 정약용은 실학을 연구한 조선 시대의  학자입니다.

8급
學 者
배울 학　놈 자

진로 탐색 특강으로  기자에 대해 알아보았습니다.

7급
記 者
기록할 기　놈 자

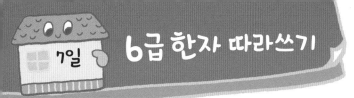
作

중국에서는 이렇게 쓰고 읽어요!
作
zuò, 쭈어

훈 지을 음 **작**

사람(亻)이 깃을 바느질하여(乍)
옷을 만드는 모습을 나타낸 글자로
만들다, 일하다를 뜻해요.

 필순에 따라 훈과 음을 말하며 써 보세요!

부수: 亻 (사람인변)
필순: 丿 亻 亻 亻 作 作 作 (총 7획)

作	作	作					
지을 작	지을 작	지을 작					

 作은 이렇게 쓰여요!

진영이는 방송  작가가 되려고 노력 중입니다.

7급
作 家
지을 작 집 가

이 작품은 우리 반 전체가 협동하여  작업한 것입니다.

6급
作 業
지을 작 업 업

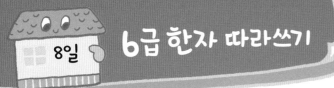

중국에서는 이렇게 쓰고 읽어요!

昨
zuó, 주어

昨

훈 어제 음 **작**

잠깐(乍) 전에 지나간 날(日),
즉 어제, 지난날을 뜻해요.

 필순에 따라 훈과 음을 말하며 써 보세요!

부수: 日 (날 일)

필순: ㅣ 冂 冂 日 日' 旷 昨 昨 昨 (총 9획)

昨	昨	昨						
어제 작	어제 작	어제 작						

 昨은 이렇게 쓰여요!

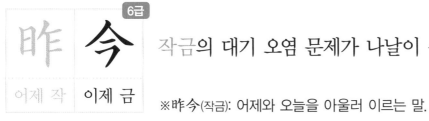

昨	今	6급
어제 작	이제 금	

작금의 대기 오염 문제가 나날이 심각해지고 있습니다.

※**昨今**(작금): 어제와 오늘을 아울러 이르는 말.

올해 전기 차 생산 대수는

昨	年	8급
어제 작	해 년	

작년의 두 배라고 합니다.

중국에서는 이렇게 쓰고 읽어요!

章
zhāng, 쟝

章

훈 글 음 장

노예의 몸에 문신을 새기는 도구를 본뜬 글자로
표시를 의미하다가
글, 문장으로 뜻이 바뀌었어요.

 필순에 따라 훈과 음을 말하며 써 보세요!

부수: 立 (설 립)

필순: ` 亠 亠 ㅗ 立 产 咅 音 音 章 章 (총 11획)

章	章	章					
글 장	글 장	글 장					

 章은 이렇게 쓰여요!

다음  문장에서 문법에 어긋난 표현을 찾아봅시다.

文 글월 문 / 章 글 장

조선 왕실에서는 국새와 어보, 두 종류의  도장을
사용했어요.

圖 그림 도 / 章 글 장

才

훈 재주 음 재

새싹이 돋아나는 모습을 본뜬 글자로
재주, 재능이 있다는 뜻이에요.

중국에서는 이렇게 쓰고 읽어요!
才 cái, 차이

 필순에 따라 훈과 음을 말하며 써 보세요!

부수: 才 (재방변)

필순: 一 十 才 (총 3획)

才	才	才				
재주 재	재주 재	재주 재				

 才는 이렇게 쓰여요!

서영이는 목표했던 과학  영재반에 합격했어요.

英 (6급) 꽃부리 영   才 재주 재

에디슨은  "천재는 1퍼센트의 영감과 99퍼센트의 땀으로 만들어진다."라고 했어요.

天 (7급) 하늘 천   才 재주 재

중국에서는 이렇게 쓰고 읽어요!

在
zài, 짜이

在

훈 있을 음 재

새싹(才)이 땅(土)을 뚫고 돋아나는 모습에서
존재하다, 있다라는 뜻이 되었어요.

 필순에 따라 훈과 음을 말하며 써 보세요!

부수: 土 (흙 토)

필순: 一 ナ 才 左 右 在 (총 6획)

在	在	在						
있을 재	있을 재	있을 재						

 在는 이렇게 쓰여요!

큰오빠는 체육 대학에  재학 중입니다.

在 學 ⁸급
있을 재 / 배울 학

할머니는 평생  재일 동포에게 한국어를 가르치셨어요.

在 日 ⁸급
있을 재 / 날 일

※在日(재일): 일본에 살고 있음.

중국에서는 이렇게 쓰고 읽어요!

战
zhàn, 쟌

戰

훈 싸움 음 전

사냥 도구(單)와 창(戈)이 만나
싸우다, 전쟁하다의 뜻이에요.

필순에 따라 훈과 음을 말하며 써 보세요!

부수: 戈 (창 과)

필순: ` ` ` ` ` ` ` ` ` ` ` ` ` ` ` 單 單 戰 戰 戰 (총 16획)

戰	戰	戰					
싸움 전	싸움 전	싸움 전					

戰은 이렇게 쓰여요!

이순신 장군은  해전 역사에 큰 업적을 남겼습니다.

海 (7급) 바다 해 戰 싸움 전

축구 결승전을 대비한 새  작전을 세웠습니다.

作 (6급) 지을 작 戰 싸움 전

확인 문제

1. 다음 밑줄 친 漢字語(한자어)의 讀音(독음: 한자의 음)을 쓰세요.

보기   漢字 → 한자

(1) 전 세계에는 환경에 따라 <u>衣食住</u>가 다양합니다. （   ）

(2) 그렇게 말하는 <u>意圖</u>가 뭐니? （   ）

(3) 많은 <u>科學者</u>가 우주의 신비를 연구하고 있습니다. （   ）

(4) 오전 열 시에 <u>始作</u>하겠습니다. （   ）

(5) 해외 출장 중이어서 <u>不在者</u> 투표를 했습니다. （   ）

(6) 부상을 입은 선수가 많아서 <u>苦戰</u>을 면치 못했습니다. （   ）

2. 다음 漢字(한자)의 訓(훈: 뜻)과 音(음: 소리)을 쓰세요.

보기   字 → 글자 자

(1) 醫 （   ）   (2) 雪 （   ）

(3) 昨 （   ）   (4) 班 （   ）

(5) 章 （   ）   (6) 道 （   ）

(7) 才 （   ）   (8) 線 （   ）

(9) 信 （   ）   (10) 別 （   ）

3. 다음 밑줄 친 漢字語(한자어)를 漢字(한자)로 쓰세요.

보기　　　　　　　　　　한자 → 漢字

(1) 마을 한쪽에 공장이 들어섰습니다. 　　　　　　　　(　　　　　　)

(2) 직립 보행은 다른 동물과 구별되는 인간의 특성입니다. (　　　　　　)

(3) 명절 장보기는 전통 시장을 이용해 주십시오. 　　　　(　　　　　　)

(4) 읍내에 나가서 시외버스를 타세요. 　　　　　　　　　(　　　　　　)

(5) 《안네의 일기》를 읽기 시작했습니다. 　　　　　　　(　　　　　　)

(6) 할아버지께 전화로 문안 인사를 드렸습니다. 　　　　(　　　　　　)

4. 다음 漢字(한자)와 音(음: 소리)은 같으나 訓(훈: 뜻)이 다른 漢字(한자)를 고르세요.

(1) 自 : 　① 草　　　② 子　　　③ 服　　　④ 意

(2) 全 : 　① 電　　　② 在　　　③ 紙　　　④ 飲

5. 다음 漢字(한자)와 뜻이 같거나 비슷한 漢字(한자)를 고르세요.

(1) 衣 : 　① 意　　　② 有　　　③ 服　　　④ 共

(2) 事 : 　① 使　　　② 業　　　③ 遠　　　④ 立

(3) 語 : 　① 章　　　② 作　　　③ 水　　　④ 言

(4) 運 : 　① 動　　　② 米　　　③ 音　　　④ 才

6. 다음 뜻에 맞는 漢字語(한자어)를 〈보기〉에서 찾아 그 번호를 쓰세요.

보기   ① 同意 ② 醫術 ③ 勝者 ④ 新作 ⑤ 在學 ⑥ 音樂

(1) 싸움이나 경기 따위에서 이긴 사람.   (   )

(2) 새로 작품 따위를 지어 만듦. 또는 그 작품.   (   )

7. 다음 사자성어의 ( ) 안에 알맞은 漢字(한자)를 〈보기〉에서 찾아 그 번호를 쓰세요.

보기   ① 花 ② 右 ③ 作 ④ 北 ⑤ 言 ⑥ 英 ⑦ 勝 ⑧ 始

(1) (   )心三日 : 단단히 먹은 마음이 사흘을 가지 못한다는 뜻으로,
                        결심이 굳지 못함을 이르는 말.

(2) 百戰百(   ) : 백 번을 싸우면 백 번을 이김. 즉 싸울 때마다 다 이김.

8. 다음 漢字(한자)에서 진하게 표시한 획은 몇 번째 쓰는 획인지 〈보기〉에서 찾아 그 번호를 쓰세요.

보기 ① 첫 번째   ② 두 번째   ③ 세 번째   ④ 네 번째   ⑤ 다섯 번째
      ⑥ 여섯 번째   ⑦ 일곱 번째   ⑧ 여덟 번째   ⑨ 아홉 번째   ⑩ 열 번째
      ⑪ 열한 번째   ⑫ 열두 번째   ⑬ 열세 번째

(1) 秋 (   )   (2) 業 (   )

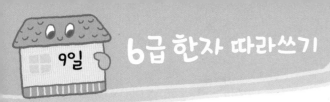

중국에서는 이렇게 쓰고 읽어요! 庭 tíng, 팅

庭

훈뜰 음 정

계단을 올라야 할 정도의 큰 집(廷)에
广이 합쳐져 큰 집에 있을 법한
뜰, 마당을 뜻하게 되었어요.

 필순에 따라 훈과 음을 말하며 써 보세요!

부수: 广 (엄호)

필순: ` 一 广 广 户 户 庄 庄 庭 庭 (총 10획)

庭　庭　庭

뜰 정　뜰 정　뜰 정

 庭은 이렇게 쓰여요!

우리 집　 庭 園 　정원에 해당화가 예쁘게 피었습니다.
뜰 정　동산 원

 校 庭　교정 곳곳에 친구들과의 추억이 묻어 있습니다.
학교 교　뜰 정

※校庭(교정): 학교의 마당이나 운동장.

중국에서는 이렇게 쓰고 읽어요!

定
dìng, 띵

定

훈 정할 음 정

집(宀)에서 발(疋)을 멈추고 쉰다는 데서
안정되다, 편하다를 뜻하다가
정하다, 바로잡다로 의미가 넓어졌어요.

 필순에 따라 훈과 음을 말하며 써 보세요!

부수: 宀 (갓머리)

필순: ' ' 宀 宀 宇 宇 定 定 (총 8획)

定 定 定

정할 정　정할 정　정할 정

 定은 이렇게 쓰여요!

우리가 탄 비행기는　定 時　정시에 출발했습니다.

정할 정　　때 시

음악은 정신적　安 定　안정을 주곤 합니다.

편안 안　정할 정

71

중국에서는 이렇게 쓰고 읽어요!

第
dì, 띠

第

훈 차례 음 제

기다란 나무나 막대기에 가죽끈이 가지런히
감긴 모양(弟)을 본떠 나타낸 글자로
차례, 순서를 뜻해요.

 필순에 따라 훈과 음을 말하며 써 보세요!

부수: 竹 (대 죽)

필순: ′ ′ ′ ′ ′ 竹 竹 竹 竹 竹 第 第 (총 11획)

第	第	第					
차례 제	차례 제	차례 제					

 第는 이렇게 쓰여요!

감기에 걸리면 잘 쉬는 것이  제일 중요합니다.

第 一
차례 제 / 한 일 (8급)

이 문제에  제삼자는 끼어들지 않는 것이
좋겠습니다.

第 三 者
차례 제 / 석 삼 (8급) / 놈 자 (6급)

題
ti, 티

題

훈 제목 음 제

태양(是) 빛이 가장 먼저 닿는 사람의 얼굴(頁),
즉 이마를 뜻하다가 글의 시작인
제목, 머리말로 의미가 넓어졌어요.

 필순에 따라 훈과 음을 말하며 써 보세요!

부수: 頁 (머리 혈)

필순: ˈ ㅜ ㅜ 日 므 무 무 畀 是 是 是 趸 趸 題 題 題 題 題 題 (총 18획)

題 題 題

제목 제   제목 제   제목 제

 題는 이렇게 쓰여요!

이번 수학 시험에는 서술형 문제도  출제됩니다.

出 題

날 출   제목 제

우리 학교 환경 보호 운동이 온라인에서  화제가
되었습니다.

話 題

말씀 화   제목 제

73

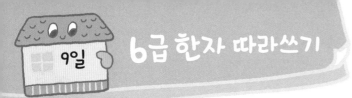

중국에서는 이렇게 쓰고 읽어요!

朝
cháo, 쟈오

朝

훈 아침 음 **조**

초목 사이로 떠오르는 해(휴)와 달(月)이 함께
보이는 시간, 즉 이른 아침을 뜻해요.

 필순에 따라 훈과 음을 말하며 써 보세요!

부수: 月 (달 월)

필순: 一 十 忄 古 古 គ 直 卓 朝 朝 朝 朝 (총 12획)

朝	朝	朝			
아침 조	아침 조	아침 조			

 朝는 이렇게 쓰여요!

호텔  조식으로 아침을 든든하게 먹었습니다.

오늘  조회는 강당에서 진행하겠습니다.

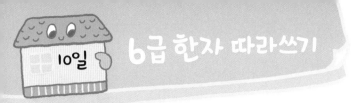

중국에서는 이렇게 쓰고 읽어요!
族
zú, 주

族

훈 겨레 음 족

전쟁이 나면 깃발(扒) 아래
화살(矢)을 들고 모이는 공동체를 의미하여
겨레나 민족을 뜻해요.

 필순에 따라 훈과 음을 말하며 써 보세요!

부수: 方 (모 방)
필순: ﹅ 亠 ﹅ 方 方 扩 扩 挤 挤 族 族 (총 11획)

族　族　族

겨레 족　겨레 족　겨레 족

 族은 이렇게 쓰여요!

시대별  家 族 　가족의 형태와 역할 변화를 이야기해 봅시다.

집 가　겨레 족

설날은 우리  民 族 　민족 고유의 명절입니다.

백성 민　겨레 족

75

중국에서는 이렇게 쓰고 읽어요!

注 zhù, 쥬

훈 부을 음 주

흐르는 물(氵)을 한곳에 모아 담는 데서
붓다, 대다의 뜻이 되었어요.

 필순에 따라 훈과 음을 말하며 써 보세요!

부수: 氵 (삼수변)

필순: ` ` ` 氵 氵 氵 注 注 注 (총 8획)

注　注　注
부을 주　부을 주　부을 주

 注는 이렇게 쓰여요!

반장 선거에 출마한 현서의 공약은 친구들의 　　주목을
받았어요.

注　目　6급
부을 주　눈 목

경고등이 켜지기 전에 미리미리 　　주유하세요.

注　油　6급
부을 주　기름 유

晝

훈 낮 음 주

해(日)가 떠서 붓(聿)을 들고 글공부하기에
좋은 시간이라는 의미에서 낮, 정오를 뜻해요.

중국에서는 이렇게 쓰고 읽어요!

 필순에 따라 훈과 음을 말하며 써 보세요!

부수: 日 (날 일)

필순: ㄱ ㄱ ㄱ 글 글 聿 書 書 書 書 晝 (총 11획)

晝 晝 晝
낮 주 　낮 주 　낮 주

 晝는 이렇게 쓰여요!

이 건물 경비 아저씨는 　晝 間 ^{7급}　주간에는 근무하지 않습니다.
　　　　　　　　　　낮 주 　사이 간

삼촌은 공무원 시험을 위해 　晝 夜 ^{6급}　주야로 공부하고 있습니다.
　　　　　　　　　　낮 주 　밤 야

중국에서는 이렇게 쓰고 읽어요!

集
jí, 지

集

훈 모을 음 집

나무(木) 위로 새(隹)가 날아들어 모이는
모습을 본떠 만든 글자예요.

 필순에 따라 훈과 음을 말하며 써 보세요!

부수: 隹 (새 추)

필순: ノ 亻 亻 亻 亻 亻 佳 佳 隹 隼 集 集 (총 12획)

集　集　集

모을 집　모을 집　모을 집

 集은 이렇게 쓰여요!

체험 학습 날, 오전 9시까지 시계탑으로

 集 合　6급

집합하세요.

모을 집　합할 합

온라인 수업은 더

 集 中　8급

집중해서 들어야 합니다.

모을 집　가운데 중

훈 창 음 **창**

원래는 창살이 있는 창문을 그린 글자(囱)와
집을 의미하는 글자(穴)를 합친 窻 자로 창문을
뜻하다가 지금은 窓 자로 창문을 뜻해요.

窗
chuāng, 츄앙

 필순에 따라 훈과 음을 말하며 써 보세요!

부수: 穴 (굴 혈)

필순: ﹁ ﹂ 宀 灾 灾 恋 空 空 窓 窓 窓 (총 11획)

창 창　　창 창　　창 창

 窓은 이렇게 쓰여요!

날이 어두워지자 아파트 **窓 門** [8급] 창문마다 불이 켜졌습니다.

창 창　　문 문

아빠께서 오랜만에 초등학교  **同 窓** [7급] 동창을 만나 반가워했습니다.

한가지 동　　창 창

1. 다음 밑줄 친 漢字語(한자어)의 讀音(독음: 한자의 음)을 쓰세요.

보기   漢字 → 한자

⑴ 내일부터 운동을 할 作定입니다.   (   )

⑵ 注意 사항을 잘 읽어 주세요.   (   )

⑶ 최종 集計 결과, 우리 모둠이 3등을 차지했습니다.   (   )

⑷ 題目만 들어도 정말 재미있을 것 같아요.   (   )

⑸ 종이를 10센티미터씩 一定하게 잘라 주세요.   (   )

⑹ 우리는 피를 나눈 同族입니다.   (   )

2. 다음 漢字(한자)의 訓(훈: 뜻)과 音(음: 소리)을 쓰세요.

보기   字 → 글자 자

⑴ 定 (   )   ⑵ 界 (   )

⑶ 第 (   )   ⑷ 明 (   )

⑸ 朝 (   )   ⑹ 發 (   )

⑺ 晝 (   )   ⑻ 每 (   )

⑼ 窓 (   )   ⑽ 庭 (   )

3. 다음 밑줄 친 漢字語(한자어)를 漢字(한자)로 쓰세요.

> 보기   한자 → 漢字

(1) 이 문제는 <u>정답</u>이 두 개입니다.   (   )

(2) 궁지에 몰린 적군이 곧 <u>백기</u>를 들 것입니다.   (   )

(3) 자전거 <u>주인</u>을 찾습니다.   (   )

(4) 낯선 <u>지방</u>으로의 여행은 늘 설렙니다.   (   )

(5) 이번 작전은 공군과 <u>해군</u>이 합동으로 진행합니다.   (   )

(6) 세계적으로 <u>유명</u>한 화가가 되고 싶습니다.   (   )

4. 다음 漢字(한자)와 音(음: 소리)은 같으나 訓(훈: 뜻)이 다른 漢字(한자)를 고르세요.

(1) 中 :   ① 重   ② 用   ③ 油   ④ 陽

(2) 族 :   ① 夕   ② 足   ③ 園   ④ 七

5. 다음 漢字(한자)와 뜻이 반대(또는 상대)되는 漢字(한자)를 고르세요.

(1) 朝 :   ① 門   ② 中   ③ 夕   ④ 心

(2) 子 :   ① 者   ② 度   ③ 南   ④ 女

(3) 昨 :   ① 外   ② 今   ③ 車   ④ 油

(4) 夏 :   ① 冬   ② 氣   ③ 場   ④ 禮

확인 문제

6. 다음 뜻에 맞는 漢字語(한자어)를 〈보기〉에서 찾아 그 번호를 쓰세요.

보기 　① 開學　② 校歌　③ 古木　④ 祖母　⑤ 窓口　⑥ 區間

(1) 학교를 상징하는 노래.　(　　　　　)
(2) 부모의 어머니를 이르는 말.　(　　　　　)

7. 다음 사자성어의 (　) 안에 알맞은 漢字(한자)를 〈보기〉에서 찾아 그 번호를 쓰세요.

보기 　① 直　② 手　③ 朝　④ 正　⑤ 內　⑥ 交　⑦ 金　⑧ 各

(1) 一(　　)一夕 : 하루의 아침과 하루의 저녁이란 뜻으로,
　　　　　　　　짧은 시일을 이르는 말.
(2) 各人(　　)色 : 사람마다 각기 다름.

8. 다음 漢字(한자)에서 진하게 표시한 획은 몇 번째 쓰는 획인지 〈보기〉에서 찾아 그 번호를 쓰세요.

보기 　① 첫 번째　② 두 번째　③ 세 번째　④ 네 번째　⑤ 다섯 번째
　　　⑥ 여섯 번째　⑦ 일곱 번째　⑧ 여덟 번째　⑨ 아홉 번째　⑩ 열 번째
　　　⑪ 열한 번째　⑫ 열두 번째　⑬ 열세 번째

(1) 族 (　　　　)　　(2) 登 (　　　　)

82

中국에서는 이렇게 쓰고 읽어요!

清
qīng, 칭

清

훈 맑을 음 **청**

우물가에 핀 푸른 풀을 나타낸 글자(靑)에
물(氵)을 더해 푸를 정도로 맑은 물을 뜻해요.

 필순에 따라 훈과 음을 말하며 써 보세요!

부수: 氵 (삼수변)
필순: ` 冫 氵 浐 浐 浐 浐 清 清 清 (총 11획)

清	清	清						
맑을 청	맑을 청	맑을 청						

 清은 이렇게 쓰여요!

구름 한 점 없는  청명한 가을입니다.

> 6급
> 清 明
> 맑을 청 | 밝을 명

두 나라는 적대 관계를  청산하기로 합의했습니다.

> 7급
> 清 算
> 맑을 청 | 셈 산

※清算(청산): 과거의 부정적 요소를
깨끗이 씻어 버림.

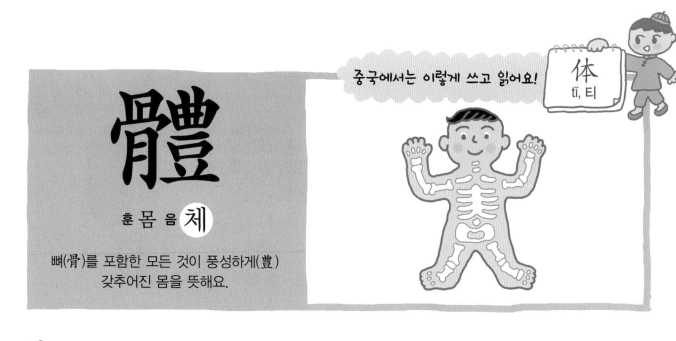

중국에서는 이렇게 쓰고 읽어요!

体
tǐ, 티

體

훈 몸 음 체

뼈(骨)를 포함한 모든 것이 풍성하게(豊)
갖추어진 몸을 뜻해요.

 필순에 따라 훈과 음을 말하며 써 보세요!

부수: 骨 (뼈 골)

필순: ⎸ ⎷ ⎷ ⎷ ⎷ ⎷ 骨 骨 骨 骨 骨 骨 骨 骨 體 體 體 體 體 體 體 體 體 (총 23획)

體	體	體					
몸 체	몸 체	몸 체					

體는 이렇게 쓰여요!

요즘은  체육 시간에 골프를 배울 수 있습니다.

體 育 [7급]
몸 체 / 기를 육

금세 지치지 않도록  체력을 단련하세요.

體 力 [7급]
몸 체 / 힘 력

85

중국에서는 이렇게 쓰고 읽어요!

亲
qīn, 친

親

훈 **친할** 음 **친**

발음 역할의 글자(辛)와 눈앞에 보이는(見)
아주 가까운 사람이라는 뜻의 글자가
합쳐져 친하다, 가깝다를 뜻해요.

 필순에 따라 훈과 음을 말하며 써 보세요!

부수: 見 (볼 견)

필순: ` ㄴ ㅜ ㅗ ㅗ ㅛ 辛 辛 亲 亲l 亲l 亲l 親 親 親 (총 16획)

親	親	親					
친할 친	친할 친	친할 친					

 親은 이렇게 쓰여요!

8급
父 親
아비 부 | 친할 친

부친께서는 건강하십니까?

※父親(부친): 아버지를 정중히 이르는 말.

수학 여행을 갔다 오니 친구들이 훨씬

親 近
친할 친 | 가까울 근
6급

친근하게
느껴졌어요.

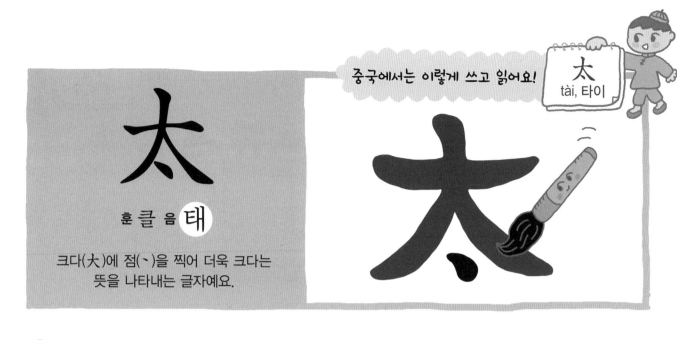

중국에서는 이렇게 쓰고 읽어요!

太
tài, 타이

훈 클 음 태

크다(大)에 점(丶)을 찍어 더욱 크다는
뜻을 나타내는 글자예요.

 필순에 따라 훈과 음을 말하며 써 보세요!

부수: 大 (큰 대)
필순: 一 ナ 大 太 (총 4획)

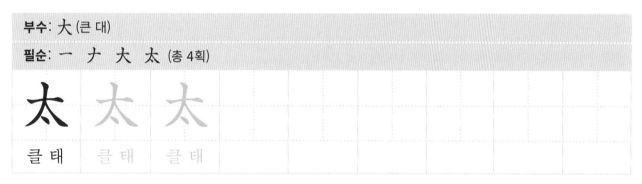

太	太	太					
클 태	클 태	클 태					

 太는 이렇게 쓰여요!

6급

太	古
클 태	예 고

태고의 흔적이 그대로 남아 있는 동굴을 발견했습니다.

※太古(태고): 아득한 옛날.

조선을 건국한 사람은

7급

太	祖
클 태	할아비 조

태조 이성계입니다.

※太祖(태조): 한 왕조를 세운 첫째 임금에게
붙이던 이름.

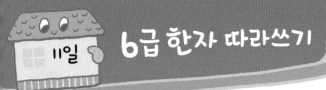
중국에서는 이렇게 쓰고 읽어요!

通
tōng, 통

通

훈 **통할** 음 **통**

속이 텅 빈 종(甬)처럼 뻥 뚫려 있는 길은
지나가기(辶) 쉽다는 데서
통하다, 오가다를 뜻해요.

 필순에 따라 훈과 음을 말하며 써 보세요!

부수: 辶 (책받침)

필순: ⁊ ⁊ ⁊ ⁊ ⁊ ⁊ 甬 甬 涌 通 通 (총 11획)

通	通	通					
통할 통	통할 통	통할 통					

 通은 이렇게 쓰여요!

사람들의  통행을 방해하지 않도록 주의하세요.

通 (통할 통) 行 (다닐 행) 6급

옛날에는  통신 수단으로 파발, 봉수, 신호연 등을 썼어요.

通 (통할 통) 信 (믿을 신) 6급

중국에서는 이렇게 쓰고 읽어요!

特
tè, 터

관청

特

훈 **특별할** 음 **특**

관청(寺)에서 제사를 지낼 때
바치던 수소(牛)라는 데서
특별하다, 뛰어나다를 뜻해요.

 필순에 따라 훈과 음을 말하며 써 보세요!

부수: 牛(소 우)

필순: ′ ㅗ ㅓ 牛 牜 牜 牜 牜 特 特 (총 10획)

特	特	特						
특별할 특	특별할 특	특별할 특						

 特은 이렇게 쓰여요!

지역마다 특산물을 활용한

특색 있는 축제가 있습니다.

고종 황제는 헤이그

특사를 파견하여 을사늑약의
부당함을 알리고자 하였습니다.

※特使(특사): 특별한 임무를 띠고 파견하는 사람.

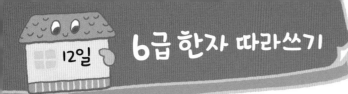

중국에서는 이렇게 쓰고 읽어요!
表 biǎo, 비아오

훈 겉 음 표

털(毛)로 만든 옷(衣)을 표현한 글자예요.
털옷은 외투로 입기 때문에
겉, 바깥이라는 뜻이 되었어요.

 필순에 따라 훈과 음을 말하며 써 보세요!

부수: 衣 (옷 의)

필순: 一 二 キ 主 丰 ま 书 表 (총 8획)

表	表	表					
겉 표	겉 표	겉 표					

 表는 이렇게 쓰여요!

지구  표면 온도가 상승하면서
곳곳이 몸살을 앓고 있습니다.

겉 표 / 낯 면 (7급)

그림으로 자신의 감정을  표현해 봅시다.

겉 표 / 나타날 현 (6급)

중국에서는 이렇게 쓰고 읽어요!

风
fēng, 펑

風

훈 **바람** 음 **풍**

원래는 봉황새를 그린 글자로 고대에는
바람이 봉황의 날갯짓에서 만들어진다고
생각했기 때문에 바람을 뜻하게 되었어요.

 필순에 따라 훈과 음을 말하며 써 보세요!

부수: 風 (바람 풍)

필순: 丿 几 几 凡 凡 風 風 風 (총 9획)

風	風	風					
바람 풍	바람 풍	바람 풍					

 風은 이렇게 쓰여요!

바람의 힘을 이용한

風 [7급] 力
바람 풍 / 힘 력

풍력 발전은 친환경 에너지 생산
방식입니다.

요즘 일기 예보는 풍향과

風 [6급] 速
바람 풍 / 빠를 속

풍속도 알려 줍니다.

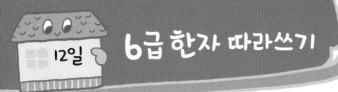
중국에서는 이렇게 쓰고 읽어요!

合
hé, 허

合

훈 합할 음 합

그릇(口)에 뚜껑(스)이 덮여 있는 모양을
본뜬 글자로 합하다는 뜻이에요.

 필순에 따라 훈과 음을 말하며 써 보세요!

부수: 口 (입 구)								
필순: ノ 人 스 仝 合 合 (총 6획)								
合	合	合						
합할 합	합할 합	합할 합						

 合은 이렇게 쓰여요!

깨끗한 마을을 만들기 위해 모두가

合 心 합심했습니다.
합할 합 | 마음 심

7급

표로 정리하면 항목별 수량과

合 計 합계를 한눈에 보기
쉽습니다.
합할 합 | 셀 계

6급

중국에서는 이렇게 쓰고 읽어요!

幸
xing, 싱

幸

훈 다행 음 행

죄인을 묶는 수갑과 쇠사슬을 본뜬 글자로
죄인을 잡아서 다행이라는 의미에서
다행을 뜻해요.

필순에 따라 훈과 음을 말하며 써 보세요!

부수: 干 (방패 간)

필순: 一 十 土 卉 吉 查 查 幸 (총 8획)

幸	幸	幸					
다행 행	다행 행	다행 행					

幸은 이렇게 쓰여요!

넘어졌지만  다행히 다치지는 않았습니다.

多 [6급] 幸
많을 다 / 다행 행

 행복한 가정을 만들려면 서로 노력해야 합니다.

幸 福 [5급]
다행 행 / 복 복

1. 다음 밑줄 친 漢字語(한자어)의 讀音(독음: 한자의 음)을 쓰세요.

보기 　　　　　　　　　　　　漢字 → 한자

(1) 산 너머에서 <u>清風</u>이 불어왔습니다.　　　　　　(　　　　　　　)

(2) 열이 나는 것 같아서 <u>體溫</u>을 재 보았습니다.　　(　　　　　　　)

(3) 국민이 잘 살아야 나라가 <u>太平</u>합니다.　　　　　(　　　　　　　)

(4) 이 지역은 <u>交通</u>의 요지입니다.　　　　　　　　(　　　　　　　)

(5) 귀농 전에 <u>特用</u> 작물 재배 교육을 받았습니다.　(　　　　　　　)

(6) 오늘 오후에 합격자를 <u>發表</u>할 예정입니다.　　　(　　　　　　　)

2. 다음 漢字(한자)의 訓(훈: 뜻)과 音(음: 소리)을 쓰세요.

보기 　　　　　　　　　　　　字 → 글자 자

(1) 古　(　　　　　　　)　　　　(2) 陽　(　　　　　　　)

(3) 風　(　　　　　　　)　　　　(4) 式　(　　　　　　　)

(5) 合　(　　　　　　　)　　　　(6) 邑　(　　　　　　　)

(7) 幸　(　　　　　　　)　　　　(8) 親　(　　　　　　　)

(9) 注　(　　　　　　　)　　　　(10) 高　(　　　　　　　)

3. 다음 밑줄 친 漢字語(한자어)를 漢字(한자)로 쓰세요.

> 보기
>
> 한자 → 漢字

(1) 백성은 나라의 근본입니다.   (   )

(2) 이 비행기에는 자동 조종 장치가 있습니다.   (   )

(3) 노인을 위한 복지 정책을 다시 살펴야 합니다.   (   )

(4) 계속되는 폭우로 시내 곳곳이 큰 피해를 입었습니다.   (   )

(5) 출입문을 닫아 주세요.   (   )

(6) 태양계의 별들은 태양을 중심으로 회전합니다.   (   )

4. 다음 漢字(한자)와 音(음: 소리)은 같으나 訓(훈: 뜻)이 다른 漢字(한자)를 고르세요.

(1) 川 :   ① 中   ② 八   ③ 衣   ④ 千

(2) 夏 :   ① 上   ② 昨   ③ 下   ④ 戰

5. 다음 漢字(한자)와 뜻이 반대(또는 상대)되는 漢字(한자)를 고르세요.

(1) 心 :   ① 長   ② 色   ③ 來   ④ 體

(2) 太 :   ① 小   ② 世   ③ 方   ④ 民

(3) 合 :   ① 急   ② 分   ③ 短   ④ 朝

(4) 東 :   ① 定   ② 族   ③ 西   ④ 窓

6. 다음 뜻에 맞는 漢字語(한자어)를 〈보기〉에서 찾아 그 번호를 쓰세요.

> 보기   ① 集中   ② 人體   ③ 注油   ④ 朝食   ⑤ 特別   ⑥ 第一

(1) 사람의 몸.   (   )

(2) 보통과 구별되게 다름.   (   )

7. 다음 사자성어의 (   ) 안에 알맞은 漢字(한자)를 〈보기〉에서 찾아 그 번호를 쓰세요.

> 보기   ① 晝   ② 庭   ③ 重   ④ 通   ⑤ 表   ⑥ 幸   ⑦ 合   ⑧ 八

(1) 千萬多(   ) : 아주 다행함.

(2) 二(   )靑春 : 열여섯 살 무렵의 꽃다운 청춘. 또는 혈기 왕성한 젊은 시절.

8. 다음 漢字(한자)에서 진하게 표시한 획은 몇 번째 쓰는 획인지 〈보기〉에서 찾아 그 번호를 쓰세요.

> 보기   ① 첫 번째   ② 두 번째   ③ 세 번째   ④ 네 번째   ⑤ 다섯 번째
>   ⑥ 여섯 번째   ⑦ 일곱 번째   ⑧ 여덟 번째   ⑨ 아홉 번째   ⑩ 열 번째

(1) 洋 (   )   (2) 物 (   )

중국에서는 이렇게 쓰고 읽어요!

行
xíng, 싱 | háng, 항

行

훈 다닐 음 행 | 훈 항렬 음 항

네 방향으로 갈라진 사거리를 나타낸 글자로
다니다, 가다를 뜻해요.

 필순에 따라 훈과 음을 말하며 써 보세요!

부수: 行 (다닐 행)

필순: ´ ⁄ ⁄ ⁄ ⁄ 行 (총 6획)

行	行	行				
다닐 행	다닐 행	다닐 행				

 行은 이렇게 쓰여요!

이제 계획을 行動 <small>7급</small> 행동으로 옮길 때입니다.
　　　　　다닐 행 움직일 동

동갑이지만 行列 <small>4급</small> 항렬을 따지면 내가 삼촌뻘입니다.
　　　　　항렬 항 벌릴 렬

훈 **향할** 음 **향**

바람이 들어오는 방향으로 낸 창문을 본떠
만든 글자로 향하다, 나아가다를 뜻해요.

 필순에 따라 훈과 음을 말하며 써 보세요!

부수: 口 (입 구)

필순: ノ 亻 冂 冋 向 向 (총 6획)

향할 향　향할 향　향할 향

 向은 이렇게 쓰여요!

할머니는  향학에 대한 열정이 대단하십니다.

향할 향　배울 학

※**向學**(향학): 배움에 뜻을 두어 그 길로 나아감.

꾸준히 공부하니 수학 실력이  향상되었습니다.

향할 향　윗 상

99

13일 **6급 한자 따라쓰기**

중국에서는 이렇게 쓰고 읽어요!
現
xiàn, 시엔

現

훈 **나타날** 음 **현**

빛이 나는 옥(玉)을 바라보는(見) 모습을
나타낸 글자로 나타나다, 드러나다를 뜻해요.

 필순에 따라 훈과 음을 말하며 써 보세요!

부수: 玉 (구슬옥변)

필순: ー二ＦＦ王玛玛玡玡玥現現 (총 11획)

現	現	現			

나타날 현 나타날 현 나타날 현

 現은 이렇게 쓰여요!

現 代 [6급] 현대에는 가족의 형태가 더욱 다양합니다.

나타날 현 대신할 대

인류가 지구상에 처음  출현한 것은
약 400만 년 전입니다.

날 출 나타날 현

100

形

훈 모양 음 형

겹쳐 있는 두 개의 방패(幵)와 무늬(彡)가 더해져 어떤 물건의 비슷한 모양, 형태를 뜻해요.

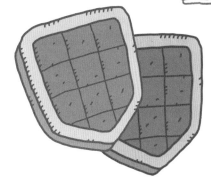

 필순에 따라 훈과 음을 말하며 써 보세요!

부수: 彡 (터럭 삼)

필순: ー 二 干 幵 开 形 形 (총 7획)

形　形　形

모양 형　모양 형　모양 형

 形은 이렇게 쓰여요!

날씨가 풀려 눈사람이　形 體 ^{6급}　형체도 없이 녹아내렸습니다.

　　　　모양 형　몸 체

딱한　形 便 ^{7급}　형편이 알려지며 전국에서 기부금이 모였습니다.

　　모양 형　편할 편　※形便(형편): 일이 되어 가는 상태나 경로 또는 결과.
　　　　　　　　　　　　　　살림살이의 형세.

중국에서는 이렇게 쓰고 읽어요!

号
hào, 하오

號
훈 이름 음 **호**

호랑이(虎)가 크게 부르짖는(묵) 모습을 본떠 만든 글자로 부르다, 이름을 뜻해요.

 필순에 따라 훈과 음을 말하며 써 보세요!

부수: 虎 (범호엄)

필순: `丶 ⺌ ⺋ ⺘ 号 号' 号^ 号^ 号^ 号^ 號 號 號` (총 13획)

號 號 號

이름 호 　이름 호 　이름 호

 號는 이렇게 쓰여요!

 [6급]　호각 소리가 나자 출발선의 선수들이 달려 나갔습니다.

이름 호 　뿔 각

1897년, 고종은 [8급] 국호를 대한 제국으로 바꾸고 황제로 즉위했습니다.

나라 국 이름 호

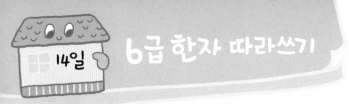
중국에서는 이렇게 쓰고 읽어요!

和
hé, 허

和

훈 화할 음 화

수확한 벼(禾)를 여럿이 나누어
먹는다(口)는 데서 화목하다를 뜻해요.

 필순에 따라 훈과 음을 말하며 써 보세요!

부수: 口(입 구)
필순: ㇐ ㇐ 千 禾 禾 禾 和 和 (총 8획)

和 和 和

화할 화   화할 화   화할 화

 和는 이렇게 쓰여요!

비가 그치고 나면   溫 [6급] 和   온화한 날씨가 이어지겠습니다.

따뜻할 온   화할 화

축가에 대한   和 答 [7급]   화답으로 우리도 축가를 불렀습니다.

화할 화   대답 답

103

중국에서는 이렇게 쓰고 읽어요!
画
huà, 후아

畫

훈 그림 음 화 | 훈 그을 음 획

붓(聿)으로 토지(田)의 경계를 그리는 모습을
나타낸 것으로 그리다, 긋다를 뜻해요.

 필순에 따라 훈과 음을 말하며 써 보세요!

부수: 田 (밭 전)

필순: ㄱ ㄱ ㄱ ㅋ 聿 書 書 書 書 書 書 畫 (총 12획)

畫	畫	畫				
그림 화	그림 화	그림 화				

 畫는 이렇게 쓰여요!

조선의 畫 [7급]家 화가 김홍도는 민중들의 삶을 많이 그렸습니다.

그림 화 　 집 가

조선 후기의 [7급]名 畫 명화를 모아 특별전을 개최할 예정입니다.

이름 명 　 그림 화

104

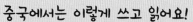

중국에서는 이렇게 쓰고 읽어요!

黃
huáng, 후앙

黃

훈 누를 음 황

황금색의 패옥(옷 위에 차는 둥그런 장신구)을
허리에 두른 모습을 본뜬 글자로
누렇다는 뜻이에요.

 필순에 따라 훈과 음을 말하며 써 보세요!

부수: 黃 (누를 황)

필순: 一 十 丗 丗 丗 芇 芇 苗 苗 黃 黃 黃 (총 12획)

黃 黃 黃

누를 황   누를 황   누를 황

 黃은 이렇게 쓰여요!

黃 金 [8급]

누를 황   쇠 금

황금으로 만든 금관은
신라를 대표하는 유물 중 하나입니다.

내년에는   黃 土 [8급]

누를 황   흙 토

황토밭에 고구마를 심어 볼 생각입니다.

중국에서는 이렇게 쓰고 읽어요!

会
hui, 후에이

會

훈 모일 음 회

음식을 담는 찬합이 차곡차곡 포개진 모습을
나타낸 글자로 모이다, 만나다를 뜻해요.

 필순에 따라 훈과 음을 말하며 써 보세요!

부수: 曰 (가로 왈)
필순: ノ ㅅ ㅅ ㅅ ㅅ ㅅ ㅅ ㅅ ㅅ 會 會 會 會 (총 13획)

모일 회   모일 회   모일 회

 會는 이렇게 쓰여요!

외국어 會 **話** 〔7급〕   회화는 자신감 있게 말하는 것이
모일 회 말씀 화   가장 중요합니다.

내일은  〔8급〕 國 會   국회 의사당으로 견학을 갑니다.
나라 국 모일 회

106

훈 가르칠 음 훈

흐르는 물(川)처럼 이치에 맞게 말한다(言)는
의미에서 가르치다, 타이르다를 뜻해요.

중국에서는 이렇게 쓰고 읽어요!
訓
xùn, 쉰

 필순에 따라 훈과 음을 말하며 써 보세요!

부수: 言 (말씀 언)

필순: ` 亠 亠 言 言 言 言 訓 訓 訓 (총 10획)

訓 訓 訓

가르칠 훈 가르칠 훈 가르칠 훈

 訓은 이렇게 쓰여요!

위인전을 읽으며 깊은  教 訓 교훈을 얻었습니다.

가르칠 교 가르칠 훈

가정의 달을 맞아  家 訓 가훈 쓰기 행사가 열립니다.

집 가 가르칠 훈

107

확인 문제

1. 다음 밑줄 친 漢字語(한자어)의 讀音(독음: 한자의 음)을 쓰세요.

> 보기 漢字 → 한자

(1) 부산행 <u>急行</u>열차가 곧 출발하겠습니다.　　　　　　(　　　　　)

(2) 선거철에는 여론의 <u>動向</u>에 촉각을 곤두세웁니다.　(　　　　　)

(3) 마음은 <u>表現</u>하지 않으면 알 수가 없습니다.　　　　(　　　　　)

(4) 오늘 수학 시간에는 여러 가지 <u>圖形</u>을 그려 보겠습니다.　(　　　　　)

(5) 차례대로 <u>番號</u>표를 뽑아 주세요.　　　　　　　　　(　　　　　)

(6) 연말을 맞아 송년 <u>會食</u>을 진행하겠습니다.　　　　　(　　　　　)

2. 다음 漢字(한자)의 訓(훈: 뜻)과 音(음: 소리)을 쓰세요.

> 보기 字 → 글자 자

(1) 和 (　　　　　)　　(2) 江 (　　　　　)

(3) 半 (　　　　　)　　(4) 放 (　　　　　)

(5) 部 (　　　　　)　　(6) 九 (　　　　　)

(7) 黃 (　　　　　)　　(8) 村 (　　　　　)

(9) 左 (　　　　　)　　(10) 訓 (　　　　　)

3. 다음 밑줄 친 漢字語(한자어)를 漢字(한자)로 쓰세요.

보기   한자 → 漢字

(1) 이번 여름 휴가는 <u>동해</u>로 갈 예정입니다.   (   )

(2) 날이 춥더라도 <u>실내</u> 환기는 꼭 해야 합니다.   (   )

(3) 미생물이 없으면 고등 <u>생물</u>도 살 수 없습니다.   (   )

(4) 빈 곳에 주소와 전화번호를 <u>기입</u>하십시오.   (   )

(5) 올 겨울은 <u>평년</u>보다 추울 것으로 예상됩니다.   (   )

(6) <u>부모</u>님을 모시고 여행을 갑니다.   (   )

4. 다음 漢字(한자)와 音(음: 소리)은 같으나 訓(훈: 뜻)이 다른 漢字(한자)를 고르세요.

(1) 形 : ① 兄   ② 漢   ③ 土   ④ 定

(2) 花 : ① 第   ② 幸   ③ 六   ④ 話

5. 다음 漢字(한자)와 뜻이 같거나 비슷한 漢字(한자)를 고르세요.

(1) 身 : ① 體   ② 淸   ③ 特   ④ 風

(2) 名 : ① 行   ② 號   ③ 訓   ④ 市

(3) 圖 : ① 室   ② 黃   ③ 畫   ④ 親

(4) 例 : ① 題   ② 生   ③ 萬   ④ 式

6. 다음 뜻에 맞는 漢字語(한자어)를 〈보기〉에서 찾아 그 번호를 쓰세요.

보기   ① 形成   ② 家族   ③ 言行   ④ 題目   ⑤ 合心   ⑥ 會話

(1) 말과 행동을 아울러 이르는 말.   (   )

(2) 어떤 형상을 이룸.   (   )

7. 다음 사자성어의 ( ) 안에 알맞은 漢字(한자)를 〈보기〉에서 찾아 그 번호를 쓰세요.

보기   ① 活   ② 海   ③ 出   ④ 明   ⑤ 在   ⑥ 老   ⑦ 美   ⑧ 朴

(1) 行方不(   ) : 간 곳이나 방향을 모름.

(2) 男女(   )少 : 남자와 여자, 늙은이와 젊은이란 뜻으로,
　　　　　　　　　　 모든 사람을 이르는 말.

8. 다음 漢字(한자)에서 진하게 표시한 획은 몇 번째 쓰는 획인지 〈보기〉에서 찾아 그
   번호를 쓰세요.

보기   ① 첫 번째   ② 두 번째   ③ 세 번째   ④ 네 번째   ⑤ 다섯 번째
       ⑥ 여섯 번째   ⑦ 일곱 번째   ⑧ 여덟 번째   ⑨ 아홉 번째   ⑩ 열 번째
       ⑪ 열한 번째   ⑫ 열두 번째   ⑬ 열세 번째

(1) 庭 (   )   (2) 陽 (   )

동의어·유의어: 뜻이 같은·비슷한 한자어

家族(가족) − 食口(식구)

家訓(가훈) − 家敎(가교)

各別(각별) − 特別(특별)

各地(각지) − 各所(각소)

共感(공감) − 同感(동감)

校內(교내) − 學內(학내)

童女(동녀) − 少女(소녀)

同窓(동창) − 同學(동학)

萬代(만대) − 萬世(만세)

民心(민심) − 人心(인심)

本國(본국) − 自國(자국)

部門(부문) − 分野(분야)

上古(상고) − 太古(태고)

生育(생육) − 生長(생장)

世界(세계) − 世上(세상)

植木(식목) − 植樹(식수)

意圖(의도) − 意向(의향)

人山(인산) − 人海(인해)

自然(자연) − 天然(천연)

合計(합계) − 合算(합산)

活用(활용) − 利用(이용)

동음이의어: 소리는 같으나 뜻이 다른 한자어

家人(가인) 한 가족이나 가까운 일가를 이르는 말.
歌人(가인) 노래를 잘 부르거나 잘 짓는 사람.

家風(가풍) 한집안에 대대로 이어 오는 풍습이나 범절.
歌風(가풍) 시 또는 노래 따위에서 풍기는 특징이나 분위기.

江風(강풍) 강물 위에서나 강가에서 부는 바람. 강바람.
強風(강풍) 세게 부는 바람.

古家(고가) 지은 지 오래된 집.
古歌(고가) 옛 노래나 옛 가사.

古代(고대) 옛 시대.
苦待(고대) 몹시 기다림.

古道(고도) 옛날에 다니던 길.
高度(고도) 평균 해수면 따위를 0으로 하여 측정한 물체의 높이.

古名(고명) 옛 이름.
高名(고명) 남의 이름을 높여 이르는 말. 또는 높이 알려진 이름이나 높은 명예.

古言(고언) 오늘날은 쓰지 아니하는 옛날의 말. 옛말.
苦言(고언) 듣기에는 거슬리나 도움이 되는 말.

公同(공동) 대부분이 함께 하거나 서로 관계됨.
共同(공동) 둘 이상의 사람이나 단체가 함께 일을 하거나 같은 자격으로 관계를 가짐.

公利(공리) 대중이나 공공 단체의 이익.

公理(공리) 일반 사람과 사회에서 두루 통하는 진리나 도리.

工夫(공부) 학문이나 기술을 배우고 익힘.

工部(공부) 고려 시대에 행정을 담당했던 여섯 기관 중 하나.

工事(공사) 토목이나 건축 따위의 일.

公事(공사) 국가나 공공 단체의 일.

公席(공석) 공적인 모임의 자리.

空席(공석) 사람이 앉지 아니하여 비어 있는 자리. 빈자리.

工業(공업) 원료를 가공하여 유용한 물자를 만드는 산업.

功業(공업) 큰 공로가 있는 사업.

公用(공용) 공공의 목적으로 씀. 또는 그런 물건.

共用(공용) 함께 씀. 또는 그런 물건.

公有(공유) 국가나 지방 자치 단체의 소유.

共有(공유) 두 사람 이상이 한 물건을 공동으로 소유함.

校庭(교정) 학교의 마당이나 운동장.

敎正(교정) 가르쳐서 바르게 함.

校訓(교훈) 학교의 이념이나 목표를 간명하게 나타낸 표어.

敎訓(교훈) 앞으로의 행동이나 생활에 지침이 될 만한 것을 가르침.

國家(국가) 일정한 영토와 거기에 사는 사람들로 구성되며 하나의 통치 조직을
가지고 있는 사회 집단.

國歌(국가) 나라를 대표·상징하는 노래.

國交(국교) 나라와 나라 사이에 맺는 외교 관계.

國敎(국교) 국가에서 법으로 정하여 온 국민이 믿도록 하는 종교.

軍氣(군기) 군대의 사기.
軍旗(군기) 군의 각 단위 부대를 상징하는 깃발.

軍民(군민) 군인과 민간인을 아울러 이르는 말.
郡民(군민) 군(郡)에 사는 사람.

近寸(근촌) 가까운 촌수.
近村(근촌) 가까운 마을.

內衣(내의) 겉옷의 안쪽에 몸에 직접 닿게 입는 옷. 속옷.
內意(내의) 마음에 품은 뜻.

老夫(노부) 늙은 남자.
老父(노부) 늙은 아버지.

短身(단신) 작은 키의 몸.
短信(단신) 짧게 쓴 편지. 또는 짤막하게 전하는 뉴스.

大界(대계) 큰 세계.
大計(대계) 큰 계획.

大功(대공) 큰 공적. 큰 공로.
對空(대공) 지상에서 공중의 목표물을 상대함.

大事(대사) 다루는 데 힘이 많이 들고 범위가 넓은 일. 또는 중대한 일. 큰일.
大使(대사) 나라를 대표하여 다른 나라에 파견되어 외교를 맡아보는 가장 높은 직급.
또는 그런 사람.

道場(도장) 무예를 닦는 곳.
圖章(도장) 이름을 나무, 돌 등에 새겨 문서에 찍도록 만든 물건.

同門(동문) 같은 문. 또는 같은 학교나 스승에게서 배운 사람.
東門(동문) 동쪽으로 난 문.

同窓(동창) 같은 학교에서 공부를 한 사이. 또는 같은 학교를 같은 해에 나온 사람.

東窓(동창) 동쪽으로 난 창.

東向(동향) 동쪽으로 향함. 또는 그 방향.

動向(동향) 사람들의 사고, 사상, 활동이나 일의 형세 따위가 움직여 가는 방향.

同和(동화) 같이 화합함.

童話(동화) 어린이를 위하여 동심을 바탕으로 지은 이야기.

名門(명문) 훌륭한 집안. 또는 이름난 좋은 학교.

名聞(명문) 세상에 나 있는 좋은 소문.

反旗(반기) 반대의 뜻을 나타내는 행동이나 표시.

半旗(반기) 조의를 표하기 위하여 깃봉에서 기의 한 폭만큼 내려서 다는 국기.

半身(반신) 온몸의 절반.

半信(반신) 아주 믿지는 아니하고 반 정도만 믿음.

百果(백과) 온갖 과일.

百科(백과) 학문의 모든 분과.

不同(부동) 서로 같지 않음.

不動(부동) 물건이나 몸이 움직이지 아니함. 또는 생각이나 의지가 흔들리지 아니함.

不足(부족) 필요한 양이나 기준에 미치지 못해 충분하지 아니함.

部族(부족) 같은 조상·언어·종교 등을 가진 원시 사회나 미개 사회의 구성단위가 되는 지역적 생활 공동체.

四角(사각) 네 개의 각.

死角(사각) 어느 각도에서도 보이지 아니하는 범위.

使命(사명) 맡겨진 임무.

社名(사명) 회사의 이름.

死者(사자) 죽은 사람.
使者(사자) 명령이나 부탁을 받고 심부름하는 사람.

死後(사후) 죽고 난 이후.
事後(사후) 일이 끝난 뒤.

山水(산수) 산과 물이라는 뜻으로, 경치를 이르는 말.
算數(산수) 계산하는 방법. 또는 수의 성질, 셈의 기초 따위를 가르치던 학과목.

上氣(상기) 흥분이나 부끄러움으로 얼굴이 붉어짐.
上記(상기) 어떤 사실을 알리기 위하여 본문 위나 앞쪽에 적는 일.

小門(소문) 작은 문.
所聞(소문) 사람들 입에 오르내려 전하여 들리는 말.

小失(소실) 작은 손실.
消失(소실) 사라져 없어짐. 또는 그렇게 잃어버림.

手記(수기) 자기의 생활이나 체험을 직접 쓴 기록.
手旗(수기) 손에 쥐는 작은 깃발.

水利(수리) 식용, 공업용 따위로 물을 이용하는 일.
數理(수리) 수학의 이론이나 이치. 또는 수학과 자연 과학을 아울러 이르는 말.

手中(수중) 손의 안.
水中(수중) 물의 가운데.

手話(수화) 청각 장애가 있는 사람들이 손을 사용하여 의미를 전달하는 언어.
水火(수화) 물과 불을 아울러 이르는 말.

市區(시구) 도시의 구역이나 시가의 구획. 또는 행정 구역인 '시'와 '구'를 아울러 이르는 말.
始球(시구) 구기 경기의 대회가 시작되었음을 상징적으로 알리기 위하여 처음으로 공을 던지거나 치는 일.

食水(식수) 먹을 용도의 물.
植樹(식수) 나무를 심음. 또는 심은 나무.

式前(식전) 식을 거행하기 전.
食前(식전) 식사하기 전.

夜戰(야전) 밤사이에 벌이는 전투인 '야간 전투'를 줄여 이르는 말.
野戰(야전) 산이나 들 따위의 야외에서 벌이는 전투.

洋式(양식) 서양의 양식이나 격식.
洋食(양식) 서양식 음식이나 식사.

用地(용지) 어떤 일에 쓰기 위한 토지.
用紙(용지) 어떤 일에 쓰는 종이.

日氣(일기) 그날그날의 비, 구름, 바람, 기온 따위가 나타나는 기상 상태.
日記(일기) 날마다 그날그날 겪은 일이나 생각, 느낌 따위를 적는 개인의 기록.

一時(일시) 잠깐 동안. 또는 같은 때.
日時(일시) 날짜와 시간을 아울러 이르는 말.

一身(일신) 자기 한 몸. 또는 몸 전체.
日新(일신) 날마다 새로워짐. 또는 날마다 새롭게 함.

一字(일자) 한 글자라는 뜻으로, 아주 적은 지식을 이르는 말.
日子(일자) 날의 개수. 날수.

一戰(일전) 한바탕 싸움.
日前(일전) 며칠 전.

入國(입국) 자기 나라 또는 남의 나라 안으로 들어감.
立國(입국) 나라가 세워짐. 또는 나라를 세움.

入手(입수) 손에 들어옴.
入水(입수) 물에 들어감.

入場(입장) 극장, 식장, 경기장 등 어떤 장소 안으로 들어가는 것.
立場(입장) 마주하고 있는 상황.

自身(자신) 그 사람의 몸 또는 바로 그 사람을 이르는 말.
自信(자신) 어떤 일을 해낼 수 있다거나 어떤 일이 꼭 그렇게 되리라는 데 대하여
스스로 굳게 믿음.

前功(전공) 이전에 세운 공로나 공적.
戰功(전공) 전투에서 세운 공로.

全道(전도) 한 도의 전체. 또는 모든 도.
全圖(전도) 전체를 그린 그림이나 지도.

全力(전력) 모든 힘.
電力(전력) 단위 시간에 사용되는 에너지의 양.

全面(전면) 모든 면. 또는 모든 부문.
前面(전면) 물체의 앞쪽 면.

全文(전문) 어떤 글에서 한 부분도 빠지거나 빼지 아니한 전체.
前文(전문) 한 편의 글에서 앞부분에 해당하는 글.

前事(전사) 앞서 있었던 일. 또는 이미 지나간 일.
戰死(전사) 전쟁터에서 적과 싸우다 죽음.

電線(전선) 전류가 흐르도록 사용하는 선.
戰線(전선) 전쟁에서 직접 전투가 벌어지는 지역이나 그런 지역을 가상으로 연결한 선.

全勝(전승) 전쟁이나 경기 따위에서 한 번도 지지 아니하고 모두 이김.
戰勝(전승) 싸움에서 이김.

全身(전신) 몸 전체. 온몸.
前身(전신) 신분, 단체, 회사 따위의 바뀌기 전의 본체.

全日(전일) 하루 종일. 또는 모든 날.
前日(전일) 일정한 날을 기준으로 한 바로 앞 날. 전날.

前後(전후) 앞과 뒤를 아울러 이르는 말.
戰後(전후) 전쟁이 끝난 뒤.

正立(정립) 바로 세움.
定立(정립) 정하여 세움.

正式(정식) 정당한 격식이나 의식.
定食(정식) 식당에서 일정한 반찬을 배정해 놓고 기본으로 파는 음식.

中心(중심) 사물의 한가운데.
重心(중심) 무게 중심.

地區(지구) 일정한 기준에 따라 여럿으로 나눈 땅의 한 구획.
地球(지구) 태양에서 셋째로 가까운 행성. 인류가 사는 천체.

地利(지리) 땅의 행세에 따라 얻는 이로움이나 편리함.
地理(지리) 어떤 곳의 지형이나 길 따위의 형편.
　　　　　또는 땅 위에서 일어나는 자연 및 인문 현상을 지역적 관점에서 연구하는 학문.

地面(지면) 땅바닥.
紙面(지면) 종이의 겉면. 또는 기사나 글이 실리는 인쇄물의 면.

地上(지상) 땅의 위.
紙上(지상) 종이의 위. 또는 신문의 지면.

青山(청산) 풀과 나무가 무성한 푸른 산.
清算(청산) 서로 간에 빌리거나 갚아야 할 것을 계산하여 깨끗이 해결함.

親交(친교) 친밀하게 사귐.
親敎(친교) 부모의 가르침.

下手(하수) 남보다 낮은 재주나 솜씨. 또는 그런 솜씨를 가진 사람.
下水(하수) 빗물이나 집, 공장, 병원 따위에서 쓰고 버리는 더러운 물.

韓式(한식) 우리나라 고유의 양식.
韓食(한식) 우리나라 고유의 음식이나 식사.

漢語(한어) 중국 한족이 쓰는 언어.
韓語(한어) 한국인이 사용하는 언어.

現今(현금) 바로 지금.
現金(현금) 정부나 중앙은행에서 발행하는 지폐나 주화.

會長(회장) 모임을 대표하고 모임의 일을 총괄하는 사람.
會場(회장) 모임을 가지는 곳.

後門(후문) 뒤나 옆으로 난 문. 뒷문.
後聞(후문) 어떤 일에 관한 뒷말.

休電(휴전) 전기 보내는 일을 일시적으로 중단함.
休戰(휴전) 교전국이 서로 합의하여 전쟁을 얼마 동안 멈추는 일.

24~26쪽

1. (1) 승산   (2) 시구   (3) 서식
   (4) 자신   (5) 야광   (6) 애국심

2. (1) 비로소 시   (2) 몸 신   (3) 법 식
   (4) 앞 전   (5) 기 기   (6) 귀신 신
   (7) 바깥 외   (8) 지아비 부   (9) 잃을 실
   (10) 길 로

3. (1) 少數   (2) 草木   (3) 中間
   (4) 水面   (5) 左右   (6) 工夫

4. (1) ④   (2) ②

5. (1) ③   (2) ④   (3) ②   (4) ④

6. (1) ⑤   (2) ①

7. (1) ⑧   (2) ⑤

8. (1) ⑦   (2) ②

52~54쪽

1. (1) 이용   (2) 운명   (3) 낙원
   (4) 영원   (5) 유연   (6) 이유

2. (1) 날랠 용   (2) 마실 음   (3) 자리 석
   (4) 들 야   (5) 은 은   (6) 평평할 평
   (7) 소리 음   (8) 할아비 조   (9) 공평할 공
   (10) 셀 계

3. (1) 敎室   (2) 內外   (3) 正午
   (4) 王室   (5) 住民   (6) 兄弟

4. (1) ④   (2) ③

5. (1) ①   (2) ④   (3) ③   (4) ③

6. (1) ②   (2) ⑥

7. (1) ⑤   (2) ②

8. (1) ⑩   (2) ⑧

38~40쪽

1. (1) 야구   (2) 약초   (3) 석양
   (4) 해양   (5) 실언   (6) 온기

2. (1) 약할 약   (2) 큰바다 양   (3) 업 업
   (4) 일 사   (5) 길 영   (6) 가을 추
   (7) 꽃부리 영   (8) 무거울 중   (9) 사라질 소
   (10) 효도 효

3. (1) 入學   (2) 祖上   (3) 活動
   (4) 世上   (5) 民間   (6) 平生

4. (1) ②   (2) ②

5. (1) ②   (2) ①   (3) ③   (4) ④

6. (1) ②   (2) ③

7. (1) ①   (2) ⑥

8. (1) ⑫   (2) ⑥

66~68쪽

1. (1) 의식주   (2) 의도   (3) 과학자
   (4) 시작   (5) 부재자   (6) 고전

2. (1) 의원 의   (2) 눈 설   (3) 어제 작
   (4) 나눌 반   (5) 글 장   (6) 길 도
   (7) 재주 재   (8) 줄 선   (9) 믿을 신
   (10) 다를/나눌 별

3. (1) 工場   (2) 直立   (3) 市場
   (4) 邑內   (5) 日記   (6) 問安

4. (1) ②   (2) ①

5. (1) ③   (2) ②   (3) ④   (4) ①

6. (1) ③   (2) ④

7. (1) ③   (2) ⑦

8. (1) ⑥   (2) ⑩

<확인 문제> 정답

80~82쪽

1. (1) 작정　(2) 주의　(3) 집계
   (4) 제목　(5) 일정　(6) 동족

2. (1) 정할 정　(2) 지경 계　(3) 차례 제
   (4) 밝을 명　(5) 아침 조　(6) 필 발
   (7) 낮 주　(8) 매양 매　(9) 창 창
   (10) 뜰 정

3. (1) 正答　(2) 白旗　(3) 主人
   (4) 地方　(5) 海軍　(6) 有名

4. (1) ①　(2) ②

5. (1) ③　(2) ④　(3) ②　(4) ①

6. (1) ②　(2) ④

7. (1) ③　(2) ⑧

8. (1) ④　(2) ⑤

94~96쪽

1. (1) 청풍　(2) 체온　(3) 태평
   (4) 교통　(5) 특용　(6) 발표

2. (1) 예 고　(2) 볕 양　(3) 바람 풍
   (4) 법 식　(5) 합할 합　(6) 고을 읍
   (7) 다행 행　(8) 친할 친　(9) 부을 주
   (10) 높을 고

3. (1) 百姓　(2) 自動　(3) 老人
   (4) 市內　(5) 出入門　(6) 中心

4. (1) ④　(2) ③

5. (1) ④　(2) ①　(3) ②　(4) ③

6. (1) ②　(2) ⑤

7. (1) ⑥　(2) ⑧

8. (1) ⑧　(2) ④

108~110쪽

1. (1) 급행　(2) 동향　(3) 표현
   (4) 도형　(5) 번호　(6) 회식

2. (1) 화할 화　(2) 강 강　(3) 반 반
   (4) 놓을 방　(5) 떼 부　(6) 아홉 구
   (7) 누를 황　(8) 마을 촌　(9) 왼 좌
   (10) 가르칠 훈

3. (1) 東海　(2) 室內　(3) 生物
   (4) 記入　(5) 平年　(6) 父母

4. (1) ①　(2) ④

5. (1) ①　(2) ②　(3) ③　(4) ④

6. (1) ③　(2) ①

7. (1) ④　(2) ⑥

8. (1) ⑦　(2) ⑧

〈모의 한자능력검정시험〉 정답

제1회

1. 음식	2. 화제	3. 도리	4. 기력	5. 교장	6. 대등
7. 반면	8. 인생	9. 체중	10. 화답	11. 각색	12. 집중
13. 가정	14. 표기	15. 불행	16. 발동	17. 사각형	18. 각자
19. 대용	20. 유명	21. 휴일	22. 매사	23. 불안	24. 시대
25. 방학	26. 직후	27. 교가	28. 농부	29. 전화	30. 주의
31. 고하	32. 식당	33. 소리 음	34. 필 발	35. 셀 계	36. 안 내
37. 떼 부	38. 어미 모	39. 읽을 독l구절 두		40. 저자 시	41. 빛 광
42. 비로소 시	43. 그림 도	44. 뜰 정	45. 뜻 의	46. 반 반	47. 아우 제
48. 모일 사	49. 들을 문	50. 창 창	51. 몸 신	52. 업 업	53. 집 가
54. 짧을 단	55. 농사 농	56. 다스릴 리	57. 밝을 명	58. 심을 식	59. 말씀 어
60. 약 약	61. 살 활	62. ①	63. ④	64. ③	65. ②
66. ②	67. ⑤	68. 中小	69. 三月	70. 生長	71. 父母
72. 大軍	73. 火山	74. 敎室	75. 國土	76. 東西	77. 兄弟
78. ⑥	79. ⑤	80. ⑦			

제2회

1. 천재	2. 주목	3. 발행	4. 대표	5. 소실	6. 황해
7. 사용	8. 목례	9. 현장	10. 직선	11. 석유	12. 감동
13. 전구	14. 계산	15. 근래	16. 대립	17. 연도	18. 선두
19. 전례	20. 도로	21. 출석	22. 부하	23. 명분	24. 반성
25. 후손	26. 심술	27. 외신	28. 야학	29. 명언	30. 발음
31. 안정	32. 현재	33. 풍향	34. 나눌 반	35. 뿌리 근	36. 길 영
37. 한가지 공	38. 모을 집	39. 급할 급	40. 이길 승	41. 사귈 교	42. 머리 두
43. 눈 설	44. 어제 작	45. 누를 황	46. 모 방	47. 밝을 명	48. 모양 형
49. 옷 의	50. 자리 석	51. 따뜻할 온	52. 그림 화l그을 획		53. 뿔 각
54. 나타날 현	55. 대답 답	56. 同時	57. 數學	58. 千里	59. 生命
60. 祖上	61. 農村	62. 午前	63. 來日	64. 工場	65. 入室
66. 住所	67. 左右	68. 里長	69. 木手	70. 民心	71. 家口
72. 天下	73. 登校	74. 空中	75. 全國	76. ②	77. ①
78. ③	79. ①	80. ③	81. ②	82. ①	83. ⑤
84. ③	85. ④	86. ②	87. ⑤	88. ⑥	89. ①
90. ⑧					

〈모의 한자능력검정시험〉 정답

제3회

1. 일광
2. 구분
3. 급수
4. 면목
5. 성사
6. 개방
7. 자습
8. 반기
9. 고속
10. 실업
11. 예물
12. 태반
13. 특실
14. 구호
15. 형색
16. 청산
17. 약자
18. 작용
19. 명백
20. 애용
21. 체육
22. 공연
23. 이자
24. 신문
25. 지구
26. 정원
27. 합계
28. 영재
29. 병실
30. 창문
31. 독서
32. 사장
33. 행운
34. 향할 향
35. 푸를 록
36. 놓을 방
37. 오얏/성 리
38. 떼 부
39. 기다릴 대
40. 왼 좌
41. 길 로
42. 오를 등
43. 살 주
44. 예도 례
45. 쌀 미
46. 마실 음
47. 아침 조
48. 눈 목
49. 아름다울 미
50. 실과 과
51. 느낄 감
52. 아이 동
53. 법식 례
54. 필 발
55. 글 서
56. 重大
57. 自國
58. 花草
59. 安心
60. 植木
61. 不足
62. 空氣
63. 每月
64. 敎育
65. 生活
66. 動物
67. 旗手
68. 人道
69. 市場
70. 東海
71. 活氣
72. 室內
73. 外食
74. 秋夕
75. 來年
76. ③
77. ①
78. ④
79. ④
80. ③
81. ⑧
82. ⑥
83. ③
84. ②
85. ①
86. ③
87. ①
88. ⑩
89. ⑪
90. ⑦

모의 한자능력검정시험 실시 유의 사항

— 모의시험은 《6급 급수한자 따라 쓰기 ❶, ❷》를 모두 학습한 다음에 풀어 보세요.

— 한자능력시험 6급Ⅱ와 6급의 시험 시간은 50분입니다. 실제 시험처럼 정해진 시간 동안 풀어 보세요.

— 답안지를 작성할 때는 실제 시험과 똑같이 검은색 볼펜을 사용하세요.

— 글씨가 채점란으로 들어오면 오답 처리되므로, 글씨를 정답 칸 안에 또박또박 쓰세요.

— 모의시험을 마치면 정답을 보고 채점하여 실력을 확인해 보세요.

[8] 그때가 내 <u>人生</u>의 황금기였습니다.

[9] 신이 조절을 잘한 덕분에 몸이 많이 줄었습니다.

[10] 그녀의 피아노 연주에 미소로 <u>和答</u>했습니다.

[11] 추석을 맞아 <u>各色</u>의 송편을 빚습니다.

[12] 소음이 심해서 <u>集中</u>하기 어렵습니다.

[13] 여행 중에 알게 된 현지인의 <u>家庭</u>에 방문했습니다.

[14] 답안지는 컴퓨터용 사인펜으로 <u>表記</u>하시오.

[15] 예상치 못한 <u>不幸</u>이 연달아 닥쳤습니다.

[16] 갑자기 쓸데없는 호기심이 <u>發動</u>했습니다.

[17] 정사각형과 직<u>四角形</u>의 차이점을 배워 봅시다.

[18] 우리는 <u>各自</u> 맡은 일에 충실해야 합니다.

[19] 식사 <u>代用</u> 식품이 점점 다양해지고 있습니다.

[20] 우리 반 반장은 웃기는 것으로 진교에서 <u>有名</u>합니다.

[21] <u>休日</u>에는 아침마다 뒷산 둘레길을 산책합니다.

[22] 언니는 <u>每事</u>에 적극적입니다.

[問 33-61] 다음 漢字의 訓音: 뜻과 音을 쓰세요.

〈보기〉

字 → 글자 자

[33] 晝

[34] 發

[35] 計

[36] 內

[37] 部

[38] 夜

[39] 讀

[40] 市

[58] 祖

[59] 語

[60] 藥

[61] 活

[問 62~63] 다음 중 뜻이 서로 반대(또는 상대)되는 漢字끼리 연결되지 <u>않은</u> 것을 찾아 그 번호를 쓰세요.

[62] ① 答 ↔ 文　② 前 ↔ 後
　　③ 水 ↔ 火　④ 入 ↔ 出

[63] ① 民 ↔ 王　② 學 ↔ 敎
　　③ 兄 ↔ 弟　④ 天 ↔ 月

[66] 봄이 시작되는 시기.

[67] 경치나 고적, 산물 따위로 널리 알려진 곳.

[問 68~77] 다음 밑줄 친 漢字語를 漢字로 쓰세요.

<보기>

한자 → 漢字

[68] 오빠는 건실한 <u>중소기</u>업에 취업했습니다.

[69] <u>삼월</u>이 되니 산수유가 꽃망울을 터트렸습니다.

[70] 이 나무는 생장 <u>속도</u>가 빠릅니다.

[71] 우리 부모님은 음악에 관심이 많으십니다.

⑦ 일곱 번째　　　　　⑧ 여덟 번째
⑨ 아홉 번째　　　　　⑩ 열 번째
⑪ 열한 번째　　　　　⑫ 열두 번째
⑬ 열세 번째　　　　　⑭ 열네 번째

[78] 歌

[79] 止

[80] 所

③

니다.

[10] 나란히 놓인 두 直線은 절대 만날 수 없습니다.

[11] 작년에 石油 제품 수출이 크게 增加했습니다.

[12] 이 작품은 나에게 큰 感動을 주었습니다.

[13] 電球에 불이 들어오자 방 안이 환해졌습니다.

[14] 가스트는 計算을 잘못했습니다.

[15] 近來 들어 부쩍 살이 빠지고 있습니다.

[16] 의견 對立이 심해서 타협이 어려워 보입니다.

[17] 올해 年度와 열이 다른 쌍둥이가 태어났습니다.

[18] 그는 여덟 골을 넣어 득점왕 단독 先頭에 올랐습니다.

[19] 이번 문제와 같은 前例가 있습니다.

[20] 귀경 차량으로 道路가 꽉 막혔습니다.

[21] 우리 반은 지각과 결석 없이 모두 出席했습니다.

[22] 장군은 部下를 통솔하는 능력이 훌륭합니다.

[問 34~55] 다음 漢字의 訓과 音을 쓰세요.

<보기>

字 → 글자 자

[34] 班
[35] 根
[36] 永
[37] 共
[38] 集
[39] 急
[40] 勝
[41] 交
[42] 頭
[43] 事
[44] 昨
[45] 黃
[46] 方
[47] 明

[61] 수학기를 맞은 ⎯⎯ 믿음을 보내며 남아.

[62] 내일은 오전에 도착합니다.

[63] 내일은 기다리면 방학입니다.

[64] 자동차 공장을 견학할 기회가 생겼습니다.

[65] 시청장 입구는 오전 아홉 시까지입니다.

[66] 주소를 정확히 적어 주세요.

[67] 길을 건너기 전에 먼저 좌우를 잘 살핍니다.

[68] 이장님과 마을 탐방 행사를 읽습니다.

[69] 그녀는 유아 장난감을 전문으로 만드는 목수입니다.

[70] 부디 민심을 어루만지는 성군이 되어 주십시오.

[71] 농사를 짓는 가구가 해마다 줄고 있습니다.

[72] 천하를 호령했던 인물들의 삶을 들여다봅시다.

[73] 친구들과 함께 등교하는 길이 즐겁습니다.

[74] 자유롭게 공중을 나는 저 새를 보세요.

[75] 내일은 전국에 걸쳐 비가 오겠습니다.

[問 81-83] 다음 사자성어의 ( ) 안에 알맞은 漢字를
〈보기〉에서 찾아 그 번호를 쓰세요.

〈보기〉
① 作　② 萬　③ 計　④ 手
⑤ 生　⑥ 正　⑦ 里　⑧ 名

[81] 千( )多幸 : 아주 다행함.

[82] ( )心三日 : 단단히 먹은 마음이 사흘을 가지
　　　　　　못함.

[83] 九死一( ) : 죽을 고비를 여러 차례 남기고 겨
　　　　　　우 살아남.

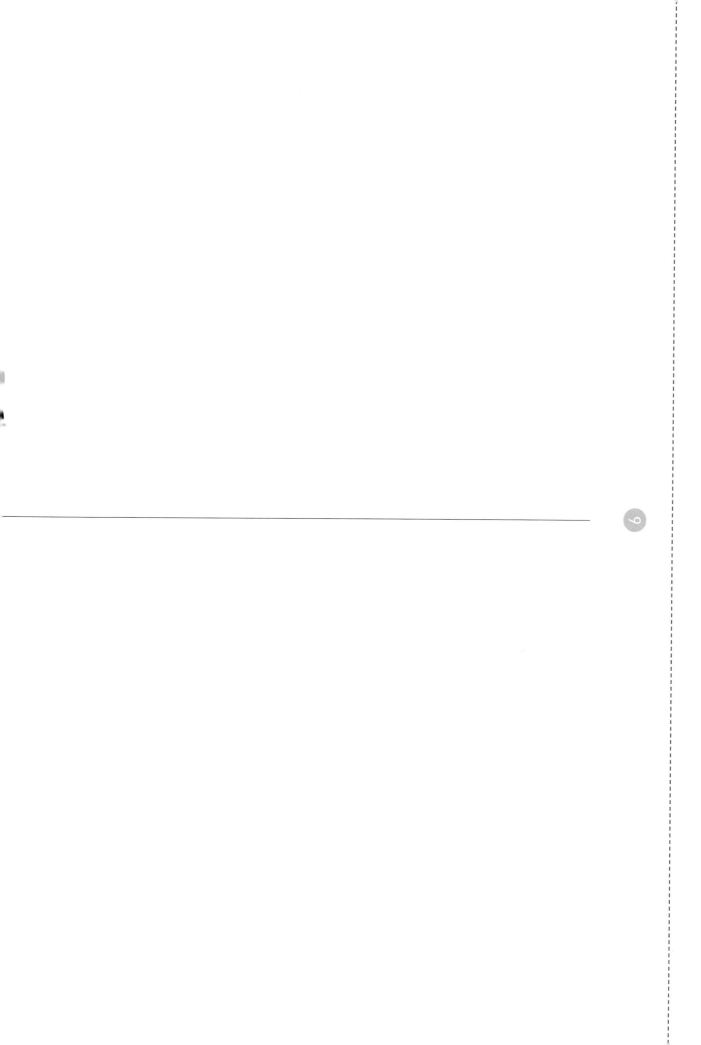

[9] 기차표가 매진이라서 高速버스를 타고 내려갔습니다.

[10] 경기 불황으로 失業률이 증가했습니다.

[11] 신랑 신부가 禮物을 주고받았습니다.

[12] 우리 마을 주민의 太半은 어업에 종사합니다.

[13] 할머니가 편히하시도록 特室을 예약했습니다.

[14] 시위대가 口號를 외치며 거리로 나왔습니다.

[15] 초췌한 形色을 보자 마음이 약해졌습니다.

[16] 지난날을 淸算하고 새 마음으로 시작하였습니다.

[17] 선생님은 物著 편에서 생각하라고 말씀하셨습니다.

[18] 이 물질이 어떻게 作用하는지 알아봅시다.

[19] 질겅옷을 明白하게 가리기 위한 증거를 모았습니다.

[20] 요즘은 선물로 받은 가방을 愛用하고 있습니다.

[21] 體育 시간에 턱걸이를 했습니다.

[22] 미리 突然한 각정을 할 필요가 없습니다.

[33] 당신을 만난 건 정말 幸運입니다.

[問 34~55] 다음 漢字의 訓과 音을 쓰세요.

〈보기〉

字 → 글자 자

[34] 向

[35] 綠

[36] 牧

[37] 李

[38] 郡

[39] 待

[40] 左

[41] 路

[42] 臺

[43] 住

[80] 訓 : ① 形 ② 市 ③ 敎 ④ 庭

[問 81-83] 다음 사자성어의 ( ) 안에 알맞은 漢字를 〈보기〉에서 찾아 그 번호를 쓰세요.

〈보기〉
① 英 ② 少 ③ 問 ④ 夫
⑤ 林 ⑥ 正 ⑦ 和 ⑧ 晝

[81] ( )夜長川 : 밤낮으로 쉬지 아니하고 연달아.

[82] 公明( )大 : 하는 일이나 태도가 사사로움이나 그릇됨이 없이 아주 정당하고 떳떳함.

[83] 東( )西答 : 물음과는 전혀 상관없는 엉뚱한 대답.

[58] 아침마다 화초에 물을 줍니다.

[59] 급한 볼일 있으니 이제 안심하세요.

[60] 작년 식목일에 심은 나무가 많이 자랐습니다.

[61] 식량이 아직까지는 부족하지 않습니다.

[62] 공기 오염도 측정을 위한 기계를 마련했습니다.

[63] 우리 미용실은 매월 첫째 월요일에 쉽니다.

[64] 그는 전통 가옥 건축 기술을 교육받았습니다.

[65] 너와 나는 생활 방식이 비슷하구나.

[66] 언니는 동물을 무척 좋아합니다.

[67] 우리 선수단이 기수를 앞세우고 입장합니다.

[68] 인도에 물건을 쌓아 두면 안 됩니다.

[69] 재래시장에 들러 장을 보았습니다.

[70] 동해의 일출 광경은 정이로웠습니다.

[71] 명절을 앞두고 시장은 활기가 넘칩니다.

[72] 실내 수영장에 사람들이 많지 않습니다.

[73] 우리 가족은 모처럼 외식하고 영화를 봤습니다.

7	8	9	10	11	12	13	
20	21	22	23	24	25	26	
33	34	35	36	37	38	39	

감독위원
(서명)

채점위원(1)
(득점) (서명)

채점위원(2)
(득점) (서명)

※뒷면으로 이어짐.

46	47	48	49	50	51	52	53
60	61	62	63	64	65	66	67
74	75	76	77	78	79	80	

7	21	35
8	22	36
9	23	37
10	24	38
11	25	39
12	26	40
13	27	41
14	28	42

감독위원
(서명)

채점위원(1)
(득점) (서명)

채점위원(2)
(득점) (서명)

58	57	56	55	54	53	52	51	50
74	73	72	71	70	69	68	67	66
90	89	88	87	86	85	84	83	82

제2회 모의 한자능력검정시험 6급 답안지(2)

※ 본 답안지는 컴퓨터로 처리되므로 구겨지거나 더럽혀지지 않도록 조심하시고 글씨를 칸 안에 또박또박 쓰십시오.

답안란		채점란		답안란		채점란		답안란		채점란	
번호	정답	1검	2검	번호	정답	1검	2검	번호	정답	1검	2검
43				59				75			
44				60				76			
45				61				77			
46				62				78			
47				63				79			
48				64				80			

■ 사단법인 한국어문회 · 한국한자능력검정회

성명 ☐☐☐

수험번호 ☐☐☐☐ - ☐☐ - ☐☐☐☐
생년월일 ☐☐☐☐

※답안지는 컴퓨터로 처리되므로 구기거나 더럽히지 마시고, 정답 칸 안에만 쓰십시오.
글씨가 채점란으로 들어오면 오답 처리가 됩니다.

제2회 모의 한자능력검정시험 6급 답안지(1)

답안란		채점란		답안란		채점란		답안란		채점란	
번호	정답	1검	2검	번호	정답	1검	2검	번호	정답	1검	2검
1				15				29			
2				16				30			
3				17				31			
4				18				32			
5				19				33			

※ 본 답안지는 컴퓨터로 처리되므로 구겨지거나 더럽혀지지 않도록 조심하시고 글씨를 칸 안에 또박또박 쓰십시오.

제1회 모의 한자능력검정시험 6급II 답안지(2)

답안란		채점란		답안란		채점란		답안란		채점란	
번호	정답	1검	2검	번호	정답	1검	2검	번호	정답	1검	2검
40				54				68			
41				55				69			
42				56				70			
43				57				71			
44				58				72			

■ 사단법인 한국어문회 · 한국한자능력검정회

성명 ☐☐☐☐

수험번호 ☐☐☐ — ☐ — ☐☐☐☐

생년월일 ☐☐☐☐

※유성 사인펜, 붉은색 필기구 사용 불가.

※답안지는 컴퓨터로 처리되므로 구기거나 더럽히지 마시고, 정답 칸 안에만 쓰십시오.
글씨가 채점란으로 들어오면 오답 처리가 됩니다.

제1회 모의 한자능력검정시험 6급II 답안지(1)

번호	답안란 정답	채점란 1검	채점란 2검	번호	답안란 정답	채점란 1검	채점란 2검	번호	답안란 정답	채점란 1검	채점란 2검
1				14				27			
2				15				28			
3				16				29			
4				17				30			
5				18				31			

[問 84-85] 다음 중 소리(音)는 같으나 뜻(訓)이 다른 漢字를 골라 그 번호를 쓰세요.

[84] 明 : ① 上 ② 命 ③ 野 ④ 事

[85] 用 : ① 勇 ② 大 ③ 昨 ④ 綠

[問 86-87] 다음 뜻에 맞는 漢字語를 〈보기〉에서 찾아 그 번호를 쓰세요.

〈보기〉
① 特級 ② 窓門 ③ 童心
④ 定時 ⑤ 注目 ⑥ 交通

[86] 어린아이의 마음.

[87] 특별한 계급이나 등급.

[問 88-90] 다음 漢字에서 진하게 표시한 획은 몇 번째 쓰는 획인지 〈보기〉에서 찾아 그 번호를 쓰세요.

〈보기〉
① 첫 번째 ② 두 번째
③ 세 번째 ④ 네 번째
⑤ 다섯 번째 ⑥ 여섯 번째
⑦ 일곱 번째 ⑧ 여덟 번째
⑨ 아홉 번째 ⑩ 열 번째
⑪ 열한 번째 ⑫ 열두 번째
⑬ 열세 번째 ⑭ 열네 번째

[88]

[89]

[44] 禮 [45] 米

[46] 飮 [47] 朝

[48] 日 [49] 美

[50] 果 [51] 感

[52] 童 [53] 例

[54] 發 [55] 書

[問 56~75] 다음 밑줄 친 漢字語를 漢字로 쓰세요.

〈보기〉

한자 → 漢字

[56] 중대한 결정을 앞두고 있습니다.

[74] 사흘 후면 주석입니다.

[75] 결혼식을 내년으로 미뤘습니다.

[問 76~78] 다음 漢字와 뜻이 반대(또는 상대)되는 漢字를 골라 그 번호를 쓰세요.

[76] 死 : ① 問 ② 夜 ③ 活 ④ 里

[77] 夕 : ① 朝 ② 式 ③ 足 ④ 藥

[78] 多 : ① 高 ② 由 ③ 戰 ④ 少

[問 79~80] 다음 漢字와 뜻이 같거나 비슷한 漢字를 골라 그 번호를 쓰세요.

6급

90문항
50분 시험

(社)韓國語文會 주관 · 韓國漢字能力檢定會 시행
全國漢字能力檢定試驗 6級 問題紙

성명 (   )

※성명과 수험번호를 쓰고 문제지와 답안지는 함께 제출하세요.

수험번호 □□□ - □□ - □□□□

[問 1~33] 다음 밑줄 친 漢字語의 讀音을 쓰세요.

〈보기〉

漢字 → 한자

[1] 강원 日光에 눈이 부셔 얼굴이 절로 찡그려졌습니다.

[2] 다음 조각들을 같은 색끼리 區分해 봅시다.

[3] 6급 級數 한자 시험을 준비하고 있습니다.

[4] 이번에 큰 손해를 끼쳐 面目이 없습니다.

[5] 주위 사람들의 도움으로 일이 成事되었습니다.

[6] 도서관의 일반 자료실은 주말에도 開放합니다.

[7] 교시부터 시험을 시작합니다.

[23] 은행에 맡긴 돈은 원금에 利子를 더해서 받게 됩니다.

[24] 학급 新聞을 만들어야 해서 수업 마지고 모이기로 했습니다.

[25] 시험 시간에 도는 地球본을 보며 수업했습니다.

[26] 어느새 庭園 꽃나무에 새순이 돋았습니다.

[27] 구매한 물건의 合計를 내 보니 예산 초과입니다.

[28] 英才 발굴 포로그램을 기획했습니다.

[29] 한자가 맞아서 1인용 病室밖에 남지 않았습니다.

[30] 하루에 두 번씩 窓門을 열어 환기합니다.

[31] 내일까지 讀書 감상문을 제출하세요.

[問 84-85] 다음 중 소리(音)는 같으나 뜻(訓)이 다른 漢字를 골라 그 번호를 쓰세요.

[84] 科 : ① 目 ② 男 ③ 果 ④ 每

[85] 洞 : ① 物 ② 生 ③ 活 ④ 童

[問 86-87] 다음 뜻에 맞는 漢字語를 <보기>에서 찾아 그 번호를 쓰세요.

<보기>

① 晝夜 ② 昨今 ③ 先生
④ 合心 ⑤ 速行 ⑥ 多幸

[86] 어제와 오늘.

[87] 빨리 행함.

[問 88-90] 다음 漢字에서 진하게 표시한 획은 몇 번째 쓰는 획인지 <보기>에서 찾아 그 번호를 쓰세요.

<보기>

① 첫 번째 ② 두 번째
③ 세 번째 ④ 네 번째
⑤ 다섯 번째 ⑥ 여섯 번째
⑦ 일곱 번째 ⑧ 여덟 번째
⑨ 아홉 번째 ⑩ 열 번째
⑪ 열한 번째 ⑫ 열두 번째
⑬ 열세 번째 ⑭ 열네 번째

[88]  農

[89] 右

[48] 形　　　　[49] 衣

[50] 術　　　　[51] 溫

[52] 畫　　　　[53] 角

[54] 現　　　　[55] 答

[問 56-75] 다음 밑줄 친 漢字語를 漢字로 쓰세요.

<보기>

한자 → 漢字

[56] 민수와 나는 거의 <u>동시</u>에 결승점을 통과했습니다.

[57] 고모는 <u>수학</u>과 생명 과학을 전공했습니다.

[58] 외세의 침략을 막기 위해 <u>천리</u>장성을 쌓았습니다.

[59] 당신은 제 <u>생명</u>의 은인입니다.

[問 76-78] 다음 漢字와 뜻이 반대(또는 상대)되는 漢字를 골라 그 번호를 쓰세요.

[76] 弱 : ① 江　② 強　③ 水　④ 面

[77] 近 : ① 遠　② 事　③ 習　④ 美

[78] 孫 : ① 古　② 油　③ 祖　④ 席

[問 79-80] 다음 漢字와 뜻이 같거나 비슷한 漢字를 골라 그 번호를 쓰세요.

[79] 會 : ① 集　② 陽　③ 花　④ 草

[80] 衣 : ① 東　② 萬　③ 服　④ 大

6급

90문항
50분 시험

(社)韓國語文會 주관 · 韓國漢字能力檢定會 시행

全國漢字能力檢定試驗 6級 問題紙

※성명과 수험번호를 쓰고 문제지와 답안지는 함께 제출하세요.

성 명(   ), 수험번호 ☐☐☐ - ☐☐ - ☐☐☐☐

[問 1~33] 다음 밑줄 친 漢字語의 讀音을 쓰세요.

〈보기〉
漢字 → 한자

[1] 天才 과학자가 혜성처럼 등장했습니다.

[2] 여러분, 잠시 注目해 주십시오.

[3] 올림픽 기념주화를 發行했습니다.

[4] 민호는 학교 代表로 과학 경시대회에 나갑니다.

[5] 잦은 전쟁으로 많은 문화재가 消失되었습니다.

[6] 이 물고기는 黃海 연안에서 잡혔습니다.

[7] 요즘 일회용품 使用을 줄이려고 노력합니다.

[23] 모두 名分만 내세우고 있으니 답답할 따름입니다.

[24] 이번 일을 反省하여 다시는 같은 실수를 하지 않았습니다.

[25] 독립운동가 가문의 後孫을 소개합니다.

[26] 心術부리지 말고 인정할 건 인정합시다.

[27] 그 소식은 外信으로도 보도되었습니다.

[28] 형은 夜學에서 한글을 가르치며 봉사합니다.

[29] 그는 '名品 제조기'라는 별명을 가지고 있습니다.

[30] 아나운서가 되려면 정확한 發音이 필수입니다.

[31] 엄마 품에서 마음이 安定되는 것을 느꼈습니다.

[32] 오후 2시 現在, 전국의 투표율은 42퍼센트입니다.

[72] 그들은 적의 대군에 맞서 맹렬히 싸웠습니다.

[73] 백두산은 휴화산입니다.

[74] 동생은 축구 교실에 등록했습니다.

[75] 우리나라는 국토의 삼면이 바다에 접해 있습니다.

[76] 한반도를 동서로 가로지르는 숲길을 만들고 있습니다.

[77] 아버지는 다섯 형제 중 장남입니다.

[問 78~80] 다음 漢字어에서 진하게 표시한 획은 몇 번째 쓰는 획인지 〈보기〉에서 찾아 그 번호를 쓰세요.

<보기>

| ① 첫 번째 | ② 두 번째 |
| ③ 세 번째 | ④ 네 번째 |

[問 64~65] 다음 문장에 어울리는 漢字語가 되도록 ( ) 안에 알맞은 漢字를 〈보기〉에서 찾아 그 번호를 쓰세요.

<보기>
① 安 ② 萬 ③ 命 ④ 界

[64] 모든 生( )은 소중합니다.

[65] 광장에 數( ) 명의 사람들이 모였습니다.

[問 66~67] 다음 뜻에 맞는 漢字語를 〈보기〉에서 찾아 그 번호를 쓰세요.

<보기>
① 方今 ② 立春 ③ 重力

[41] 光

[42] 始

[43] 圖

[44] 庭

[45] 意

[46] 半

[47] 弟

[48] 社

[49] 聞

[50] 窓

[51] 身

[52] 業

[53] 家

[54] 短

[55] 農

[56] 理

6급II

80문항
50분 시험

(社)韓國語文會 주관 · 韓國漢字能力檢定會 시행
全國漢字能力檢定試驗 6級II 問題紙

성명 (   ) 수험번호 □□□ - □□ - □□□□

※성명과 수험번호를 쓰고 문제지와 답안지는 함께 제출하세요.

[問 1~32] 다음 믿줄 친 漢字語의 讀音을 쓰세요.

〈보기〉

漢字 → 한자

[1] 엄마는 飮食 솜씨가 좋습니다.

[2] 이제 話題를 바꾸어 이야기해 봅시다.

[3] 그는 노모에게 자식 된 道理를 다했습니다.

[4] 더 이상 말을 할 氣力조차 없습니다.

[5] 다음 순서는 校長 선생님의 훈화입니다.

[6] 양쪽의 실력이 對等해서 우열을 가리기 어렵습니다.

[7] 나는 일찍 잠드는 反面에 누구보다 일찍 일어남

[23] 이웃 나라 전쟁 소식에 덩달아 不安해졌습니다.

[24] 時代를 앞서갔던 옛 인물을 만나 봅시다.

[25] 이들 후면 放學이 끝납니다.

[26] 전쟁 후에는 딸을 찾이 부족했습니다.

[27] 진교생의 校歌 제창을 끝으로 졸업식을 마지겠습니다.

[28] 農夫는 자갈밭을 비옥한 밭으로 바꾸었습니다.

[29] 요즘은 집에서 公衆電話를 보기 어렵습니다.

[30] 아기를 키울 때는 세심한 注意가 필요합니다.

[31] 지위 高下에 관계없이 같은 기준을 적용합니다.

[32] 맞잠으로 소문난 食堂을 찾아갔습니다.

모의 한자능력검정시험

총 3회분

6급 II

6급